The Blue Book on the Development of Consumer
Goods Industry in China (2016-2017)

# 2016-2017年
# 中国消费品工业发展
## 蓝皮书

中国电子信息产业发展研究院　编著

主　编／刘文强

副主编／代晓霞

人民出版社

责任编辑：邵永忠　刘志江

封面设计：黄桂月

责任校对：吕　飞

**图书在版编目（CIP）数据**

2016－2017 年中国消费品工业发展蓝皮书／刘文强 主编；

中国电子信息产业发展研究院 编著．—北京：人民出版社，2017.8

ISBN 978－7－01－018035－9

Ⅰ.①2… Ⅱ.①刘… ②中… Ⅲ.①消费品工业—工业发展—研究报告—中国—2016－2017　Ⅳ.①F426.8

中国版本图书馆 CIP 数据核字（2017）第 192985 号

**2016－2017 年中国消费品工业发展蓝皮书**

2016－2017 NIAN ZHONGGUO XIAOFEIPIN GONGYE FAZHAN LANPISHU

中国电子信息产业发展研究院 编著

刘文强 主编

人民出版社 出版发行

（100706　北京市东城区隆福寺街 99 号）

三河市钰丰印装有限公司印刷　新华书店经销

2017 年 8 月第 1 版　2017 年 8 月北京第 1 次印刷

开本：710 毫米×1000 毫米 1/16　印张：13.5

字数：220 千字

ISBN 978－7－01－018035－9　定价：65.00 元

邮购地址　100706　北京市东城区隆福寺街 99 号

人民东方图书销售中心　电话（010）65250042　65289539

版权所有·侵权必究

凡购买本社图书，如有印制质量问题，我社负责调换。

服务电话：（010）65250042

# 前　言

消费品工业是国民经济和社会发展的基础性、民生性、支柱性、战略性产业，涵盖了轻工、纺织、食品、医药等工业门类。改革开放 30 多年以来，我国消费品工业稳步、快速发展，规模持续壮大，结构不断优化，技术装备水平稳步提高，已经建立了较为完善的产业体系，国际化程度日趋加深，成为世界消费品制造和采购中心，对国内外消费需求的保障和引领作用进一步增强。

2016 年是"十三五"规划的开局之年，面对复杂严峻的国际和国内环境，消费品工业按照稳中求进的工作总基调，以加快转型升级为抓手，以扩大内需和创新驱动为战略基点，以各项重大政策措施落实为机遇，更加注重推进改革攻坚，更加注重推进产业结构调整，更加注重推进"三品"战略落实，更加注重推动实施创新驱动战略，更加注重推进应急保障工作，攻坚克难，创新进取，保持了消费品工业持续稳定发展。全年消费品工业增加值同比增长 5.4%，低于全部工业 0.6 个百分点。其中，轻工（不含食品）、纺织、食品、医药和烟草等行业分别增长 6.3%、4.9%、7.2%、10.6% 和 - 8.3%，以医药行业表现最为突出，增长超过两位数。

进入 2017 年，我国消费品工业发展面临的形势更加严峻。从国内看，我国消费品工业面临的国内环境存在不少困难。主要是经济下行压力加大，部分企业生产经营困难，传统产业产能过剩，产业发展方式粗放、自主创新能力低下、自主品牌发展滞后、产能利用率下降等供给侧结构性顽疾凸显。从国际看，我国消费品工业面临的外部困难和风险在增多。主要是世界经济总体放缓，全球市场总需求增速下降，全球贸易保护主要抬头，地缘政治等非经济因素干扰全球经济，消费品工业出口困难增加。

为全面把握过去一年我国消费品工业的发展态势，总结评述消费品工业领域一系列重大问题，中国电子信息产业发展研究院消费品工业研究所在

1

2016年积极探索实践的基础上，继续组织编撰了《2016—2017年中国消费品工业发展蓝皮书》。该书基于全球化视角，对过去一年中我国及世界主要国家消费品工业的发展态势进行了重点分析，梳理并剖析了国家相关政策及其变化对消费品工业发展的影响，预判了2017年世界主要国家以及主要消费品行业的发展走势。全书共分为综合篇、行业篇、区域篇、"三品"战略篇、企业篇、政策篇、热点篇、展望篇八个部分。

综合篇。从整体、区域和重点国家重点行业三个层面分析了2016年全球消费品工业的发展情况，然后从发展环境、运行状况以及存在问题三个维度分析了2016年我国消费品工业的发展状况。

行业篇。选取纺织、医药和食品三大消费品行业，分析行业发展态势，剖析存在的突出问题。在发展态势上，重点从运行、效益以及重点产品或重点领域三个维度展开分析。

区域篇。以典型省份为切入点，分析2016年我国东部、中部、西部三大区域消费品工业的发展情况，重点分析运行、出口、效益等指标的基本情况。

"三品"战略篇。从"三品"战略政策内容和评价入手，以典型地区"三品"战略为主要研究内容，侧重介绍典型地区开展"三品"战略工作的各项经验与成果。

企业篇。选取了轻工、食品、医药等行业中发展较好、具有代表性的几家企业，就其发展历程、发展战略及发展启示进行了分析和整理。

政策篇。梳理总结了2016年我国消费品工业领域出台的重点政策，介绍了各项行业政策的主要内容和发力点，分析了政策对行业未来发展的影响。

展望篇。首先梳理了国内主要研究机构对2016年我国消费品工业发展形势的预判。其次，从整体、重点行业两个方面对2016年我国消费品工业的发展态势进行预判。

热点篇。选取盐业和医药行业中对于行业影响力大的热点事件进行分析，从事件背景、主要内容和主要影响三方面进行剖析，深入研究热点事件背后的行业发展趋势与动向。

分析新一年我国消费品工业发展，既面临着困难挑战，也不乏有利因素。为促进消费品工业平稳健康发展，必须全面贯彻落实党的十八届三中、四中、五中、六中全会精神，坚持依法行政，主动适应和引领经济发展新常态，着力推进五个方面的工作：一是促进改革和立法工作，培育行业发展新动力；二是落实供给侧结构性改革，增加有效供给；三是促进产业结构优化，推进产业向中高端迈进；四是实施创新驱动战略，增强内生发展活力；五是实施"三品"战略，促进行业健康稳定发展。

　　作为消费品工业领域的一家专业研究机构，中国电子信息产业发展研究院消费品工业研究所拥有一批专业人才，具备了较强的研究能力，成立 6 年多以来，先后承担了多项课题的研究，对我司工作给予了大力支持。此次编撰的《2016—2017 年中国消费品工业发展蓝皮书》，内容丰富，资料翔实，具有一定参考价值。但由于消费品工业行业众多，国家间、行业间、地区间差异大，需要深入研究探讨和专题研究的问题很多，因此疏漏和不足在所难免，希望读者以爱护和支持的态度不吝批评指正。

工业和信息化部消费品工业司司长

# 目　　录

# 展 望 篇

# 综 合 篇

# 第一章　2016年全球消费品工业发展状况

2016年，全球经济继续深度调整，大宗商品价格下降、需求疲软、投资环境不确定性增加等因素继续抑制全球经济增长，全球制造业增速继续下滑，但下滑趋势放缓。与整体制造业相比，消费品行业增长呈现分化态势。其中，食品与饮料、纺织、木材加工（不含家具）、医药等子行业增速高于整体制造业，烟草、服装、皮革与鞋帽、造纸、印刷与出版、橡胶与塑料、家具与其他制造业等子行业增速低于整体制造业。从区域角度来看，欧盟和美国消费品工业的复苏为发达经济体消费品工业增长做出了主要贡献。欧盟受益于货币贬值和石油价格降低引起的出口增加，消费品工业出现恢复增长态势。而美国受益于国内需求稳步增长，消费品工业增速显著加快。EIE及其他发展中国家消费品工业增速走低主要原因是中国和拉丁美洲消费品工业增速下滑。展望2017年，美国、欧洲等发达国家制造业复苏的迹象更加明显，发展中国家制造业受累于美元升值、投资不确定性增加等因素制造业将有可能进一步放缓，全球消费品工业亦将整体表现增速继续放缓。

## 第一节　整体态势

2016年，大宗商品价格下降、全球需求疲软、投资环境不确定性增加很大程度上影响了全球经济增长。2016年，全球制造业增速继续下滑，但下滑趋势放缓。2016年3季度，整体制造业仅同比增长2.4%，低于2015年同期0.3个百分点。在此背景下，消费品工业整体增长疲软。

与整体制造业相比，消费品行业增长呈现分化态势。2016年3季度，消费品各子行业中，仅食品与饮料、纺织、木材加工（不含家具）、基本药物产品和医疗器械增速高于整体制造业，增速分别为3.3%、3.1%、2.9%、

3.4%和4.6%。烟草、服装、皮革与鞋帽、造纸、印刷与出版、橡胶与塑料、家具及其他制造业增速均低于整体制造业，特别是烟草、印刷与出版两个行业，增速为负，分别同比下降8.0%和1.0%。

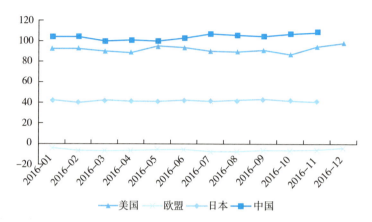

**图1-1　2016年1—12月主要经济体消费者信心指数变化情况**

资料来源：Wind数据库，2017年2月。

相比于1、2季度，消费品行业增速变化趋势亦整体呈现分化态势。与1季度相比，3季度除食品与饮料、皮革与鞋帽、医疗器械增速上升，分别增加0.9个、0.2个和0.7个百分点，其他行业增速均逐步下滑，特别是烟草、纺织印刷与出版、分别同比下降4.6个、1.8个、1.6个百分点。

与2015年相比，2016年3季度除纺织、皮革与鞋帽、木材加工（不含家具）、医疗器械四个行业增速分别高于2015年同期0.5个、1.2个、0.7个和1.4个百分点外，其他行业增速均低于2015年同期。

**表1-1　2015年至2016年前3季度全球主要消费品行业产出同比增速**

| 行业 | 2015Q1 | 2015Q2 | 2015Q3 | 2015Q4 | 2016Q1 | 2016Q2 | 2016Q3 |
|---|---|---|---|---|---|---|---|
| 食品与饮料 | 2.4% | 3.0% | 3.6% | 3.1% | 2.4% | 2.3% | 3.3% |
| 烟草 | 1.0% | 3.5% | −1.5% | 8.9% | −3.4% | −2.6% | −8.0% |
| 纺织 | 2.9% | 3.0% | 2.6% | 2.8% | 4.9% | 3.8% | 3.1% |
| 服装 | 2.7% | 3.0% | 3.6% | 1.8% | 2.1% | 1.9% | 0.8% |
| 皮革与鞋帽 | 1.4% | 1.0% | 0.3% | 0.9% | 1.3% | 1.4% | 1.5% |
| 木材加工（不含家具） | 1.9% | 1.6% | 2.2% | 2.9% | 3.7% | 3.5% | 2.9% |

续表

| 行业 | 2015Q1 | 2015Q2 | 2015Q3 | 2015Q4 | 2016Q1 | 2016Q2 | 2016Q3 |
|---|---|---|---|---|---|---|---|
| 造纸 | 0.1% | 1.2% | 1.7% | 1.5% | 1.8% | 0.7% | 1.0% |
| 印刷与出版 | −0.5% | −0.8% | −0.8% | −0.6% | 0.6% | −0.1% | −1.0% |
| 橡胶与塑料 | 2.8% | 2.9% | 3.4% | 2.8% | 2.6% | 2.0% | 1.7% |
| 基本药物产品 | 5.7% | 4.4% | 5.0% | 4.5% | 4.8% | 4.3% | 3.4% |
| 医疗器械 | 3.4% | 4.5% | 3.2% | 0.9% | 3.9% | 3.0% | 4.6% |
| 家具及其他制造业 | 4.6% | 4.5% | 5.4% | 3.9% | 3.9% | 1.9% | 1.6% |
| 整个制造业 | 2.8% | 2.5% | 2.7% | 1.9% | 2.1% | 2.2% | 2.4% |

资料来源：UNIDO，2017 年 1 月。

# 第二节　发达国家与金砖国家及其他发展中国家的比较

在全球制造业持续不景气的背景下，发展中国家与发达国家消费品工业增速继续放缓。具体比较而言，发达国家部分消费品行业增长接近停滞甚至出现负增长，而发展中国家消费品工业增速（除服装行业）明显高于发达国家。

## 一、发达国家

2016 年，在整体制造业增速进一步放缓的背景下，发达国家消费品工业延续不景气态势，部分行业增长停滞甚至负增长，且未来形势不乐观。

与整体制造业相比，2016 年 3 季度，各子行业中食品与饮料、木材加工（不含家具）、橡胶与塑料、基本药物产品、医疗器械、家具及其他制造业增速高于整体制造业，增速分别为 1.4%、1.9%、0.7%、1.2%、1.2% 和 0.8%。其他各子行业增速均低于整体制造业，特别是有五个子行业呈现负增长态势，分别是烟草、服装、皮革与鞋帽、造纸、印刷与出版，增速分别为 −10.4%、−0.5%、−0.2%、−0.8% 和 −1.4%。

相比于 1、2 季度，3 季度消费品行业增速变化趋势亦呈现明显分化态势。

与1季度相比，食品与饮料、服装、皮革与鞋帽、医疗器械呈现复苏态势，分别相比1季度增速增加0.2个、3.7个、1.8个和0.4个百分点，而其他行业增速均呈现不同程度的放缓或下降趋势。

从区域角度来看，欧盟和美国消费品工业的复苏为发达经济体消费品工业增长作出了主要贡献。欧盟受益于货币贬值和石油价格降低引起的出口增加，消费品工业出现恢复增长态势。而美国受益于国内需求稳步增长，消费品工业增速显著加快。

表1-2  2015年至2016年前3季度发达经济体主要消费品行业产出同比增速

| 行业 | 2015Q1 | 2015Q2 | 2015Q3 | 2015Q4 | 2016Q1 | 2016Q2 | 2016Q3 |
|---|---|---|---|---|---|---|---|
| 食品与饮料 | 0.4% | 1.5% | 2.8% | 1.2% | 1.2% | 0.9% | 1.4% |
| 烟草 | －10.4% | －8.1% | －4.4% | 0.1% | 2.0% | 0.6% | －10.4% |
| 纺织 | －0.9% | －1.4% | －1.5% | －0.5% | 1.0% | －0.9% | 0.4% |
| 服装 | －5.2% | －0.8% | 5.0% | 0.6% | －4.2% | －2.7% | －0.5% |
| 皮革与鞋帽 | －2.5% | －6.6% | －4.3% | －3.8% | －2.0% | －2.0% | －0.2% |
| 木材加工（不含家具） | 1.1% | 0.1% | 0.5% | 2.5% | 3.3% | 2.8% | 1.9% |
| 造纸 | －1.3% | －0.4% | 0.0% | 0.6% | －0.2% | －1.1% | －0.8% |
| 印刷与出版 | －1.2% | －0.8% | －1.6% | －1.1% | －0.2% | －1.0% | －1.4% |
| 橡胶与塑料 | 1.2% | 0.9% | 1.4% | 1.8% | 1.1% | 0.8% | 0.7% |
| 基本药物产品 | 4.9% | 2.8% | 4.2% | 3.5% | 2.6% | 2.2% | 1.2% |
| 医疗器械 | 2.6% | 4.4% | 3.1% | 0.3% | 0.8% | －0.6% | 1.2% |
| 家具及其他制造业 | 2.1% | 0.8% | 1.2% | 1.1% | 3.1% | 1.5% | 0.8% |
| 整个制造业 | 1.3% | 0.7% | 1.2% | 0.2% | 0.3% | 0.2% | 0.6% |

资料来源：UNIDO，2017年1月。

## 二、EIE 及其他发展中国家

2016年，EIE及其他发展中国家制造业增速下滑明显，尤其是消费品工业增长低于预期，且增速持续下滑。EIE及其他发展中国家整体制造业在2016年3季度同比增长4.7%。相比于整体制造业，消费品工业增长显著分化，其中，食品与饮料、基本药物产品和医疗器械增速高于整体制造业，增速分别为5.9%、7.0%和9.4%，而烟草、纺织、服装、皮革与鞋帽、印刷与出版、造纸、家具及其他制造业、橡胶与塑料增速均低于整体制造业，增速分别为 - 7.3%、4.0%、1.2%、2.1%、0.3%、3.3%、3.1%和3.4%。

相比于1、2季度，3季度行业增速亦分化明显。与1季度相比，烟草、纺织、服装、皮革与鞋帽、造纸、印刷与出版、橡胶与塑料、基本药物产品、家具及其他制造业增速低于1季度，而食品与饮料、木材加工（不含家具）、医疗器械增速高于1季度。

从区域角度来看，EIE及其他发展中国家消费品工业增速走低主要原因是中国和拉丁美洲消费品工业增速下滑。2016年，经济新常态背景下，中国制造业进一步疲软，增速降至2005年以来最低值，拉低EIE及其他发展中国家消费品工业整体增速。此外，中国制造业增速的放缓，导致其他向中国出口原料的发展中国家亦面临制造业下滑态势，国内经济增速放缓，进一步导致这些国家国内需求疲软。尤其是拉丁美洲，许多国家经济陷入衰退状态，包括巴西、阿根廷和智利。巴西制造业部门则连续六个季度增速下滑，而阿根廷和智利受累于石油价格下降，经济呈现负增长。

表1-3　2015年至2016年前3季度EIE及其他发展中国家主要消费品行业产出同比增速

| 行业 | 2015Q1 | 2015Q2 | 2015Q3 | 2015Q4 | 2016Q1 | 2016Q2 | 2016Q3 |
|---|---|---|---|---|---|---|---|
| 食品与饮料 | 4.8% | 4.9% | 4.4% | 5.2% | 3.9% | 4.3% | 5.9% |
| 烟草 | 2.7% | 5.0% | - 1.2% | 9.8% | - 5.4% | - 3.7% | - 7.3% |
| 纺织 | 4.2% | 4.4% | 4.1% | 4.1% | 6.1% | 5.3% | 4.0% |
| 服装 | 5.5% | 4.3% | 3.1% | 2.2% | 3.6% | 3.1% | 1.2% |
| 皮革与鞋帽 | 2.8% | 4.0% | 2.1% | 2.6% | 2.3% | 2.6% | 2.1% |
| 木材加工（不含家具） | 3.3% | 4.4% | 5.5% | 3.7% | 4.3% | 4.8% | 4.7% |
| 造纸 | 2.6% | 4.0% | 4.9% | 3.3% | 4.3% | 3.2% | 3.3% |
| 印刷与出版 | 2.9% | - 0.9% | 3.0% | 1.5% | 3.4% | 2.9% | 0.3% |
| 橡胶与塑料 | 5.4% | 6.2% | 6.6% | 4.4% | 5.0% | 4.1% | 3.4% |
| 基本药物产品 | 7.4% | 7.3% | 6.4% | 6.3% | 8.4% | 7.9% | 7.0% |
| 医疗器械 | 7.4% | 5.2% | 3.7% | 4.0% | 7.7% | 8.1% | 9.4% |
| 家具及其他制造业 | 7.0% | 8.1% | 9.0% | 5.1% | 5.4% | 2.6% | 3.1% |
| 整个制造业 | 5.3% | 5.2% | 5.1% | 4.6% | 4.7% | 4.9% | 4.7% |

资料来源：UNIDO，2017年1月。

## 三、主要国家重点行业情况

### (一) 纺织服装业

#### 1. 意大利

意大利作为全球服装业发达的国家,有着众多全球知名品牌。包括范思哲(Versace)、阿玛尼(Armani)、杜嘉班纳(Dolce Gabbanax)、Missoni、Gucci、杰尼亚(Zegna)、Diesel 等。意大利纺织服装工业凭借其强大的品牌优势,在意大利制造业中占据着非常重要的地位。2016 年,意大利纺织服装工业企业数量达到43801 家,产值达到 491.9 亿欧元,就业人数达到 271961 人,分别占意大利制造业的 11.0%、6.8% 和 8.6%。

表 1-4　意大利纺织与服装行业生产指标

| | 制造业 | 纺织 | 服装 |
|---|---|---|---|
| 企业数量(家) | 396422 | 14359 | 29442 |
| 销售收入(亿欧元) | 8675.1 | 213.9 | 282.4 |
| 产值(亿欧元) | 8491 | 213 | 278.9 |
| 就业人数(人) | 3148121 | 106274 | 165687 |

资料来源:Eurostat,2017 年 1 月。

意大利是全球重要的纺织行业与服装行业出口大国,纺织与服装均处于全球领先地位。2016 年,意大利服装行业、纺织行业出口分别居全球第四位、第三位。纺织行业出口总额达 152.4 亿美元,其中,排名前十的出口国家或地区分别是德国、法国、罗马尼亚、西班牙、英国、美国、中国香港、瑞士和土耳其、中国,累计份额 62.6%。服装行业出口总额达 166.1 亿美元,其中,排名前十的出口国家或地区分别是法国、德国、美国、瑞士、中国香港、俄罗斯、英国、西班牙、日本和中国,累计份额 68.1%。

表 1 - 5    2016 年意大利纺织行业出口情况

| | 出口（亿美元） | 占总出口份额 |
|---|---|---|
| 德国 | 17.0 | 11.2% |
| 法国 | 14.2 | 9.3% |
| 罗马尼亚 | 9.2 | 6.0% |
| 西班牙 | 8.9 | 5.8% |
| 英国 | 8.4 | 5.5% |
| 美国 | 8.4 | 5.5% |
| 中国香港 | 6.3 | 4.1% |
| 瑞士 | 5.1 | 3.4% |
| 土耳其 | 5.0 | 3.3% |
| 中国 | 4.6 | 3.0% |

资料来源：Comtrade，2017 年 1 月。

表 1 - 6    2015 年意大利服装行业出口情况

| | 出口（亿美元） | 占总出口份额 |
|---|---|---|
| 法国 | 16.4 | 9.9% |
| 德国 | 16.0 | 9.6% |
| 美国 | 14.7 | 8.8% |
| 瑞士 | 12.7 | 7.6% |
| 中国香港 | 12.4 | 7.5% |
| 俄罗斯 | 11.4 | 6.9% |
| 英国 | 8.6 | 5.2% |
| 西班牙 | 7.7 | 4.6% |
| 日本 | 5.4 | 4.5% |
| 中国 | 5.7 | 3.4% |

资料来源：Comtrade，2017 年 1 月。

2016 年，意大利经济持续低迷。据 IMF 估计，意大利季度 GDP 环比增长分别为 0.3%、0.0%、0.3%、0.2%。经济整体增速预估为 1.0%。预计意大利 2017 年和 2018 年经济增速约为 1.25%，但有下行风险。制造业生产指数仅维持在 95 左右。纺织服装行业作为消费品行业最重要的子行业，与宏观经济走势密切相关。

意大利纺织服装工业生产增长乏力，相比整体制造业，纺织服装工业相对更加不景气。2016 年 1—12 月，纺织服装工业生产指数呈现下滑态势，各月均低于 90，由 88.1 降低到 80.6。与 2015 年相比整体变化不大，欲恢复至 2010 年的水平仍需时日。2016 年 1—12 月，服装行业非常不景气，服装行业生产指数在 75 左右波动，波动性非常大（65—85）。

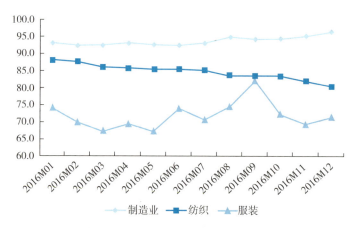

**图 1 - 2　2016 年 1—12 月意大利纺织服装行业生产指数变化情况**

资料来源：Eurostat，2017 年 1 月

工业销售方面，意大利纺织服装销售收入略高于 2015 年，且好于整体制造业。2016 年 1—12 月，纺织服装工业销售收入指数整体呈温和上升态势。相比整体制造业，各月销售收入指数均接近制造业同期水平。分行业来看，虽然服装行业销售整体呈现较大波动趋势，但是整体呈上升趋势，并在 9 月后超过纺织行业。而纺织行业销售已恢复至 2010 年的水平，呈现平稳上升趋势。从销售市场来看，国内销售依然延续不景气态势，而纺织服装国外销售已经超过 2010 年的生产水平，销售收入指数达到 111.6。

价格方面，纺织行业与服装行业价格变化不大，略好于 2015 年。2016 年 1—12 月，纺织服装价格指数相比 2015 年同期有较大幅度提升。细分行业方面，纺织与服装行业价格走势与纺织服装工业价格走势相同，都表现为各月变化不大，与 2015 年较大浮动差别较大。

图 1 – 3  2016 年 1—12 月意大利纺织服装行业销售收入指数变化情况

资料来源：Eurostat，2017 年 2 月。

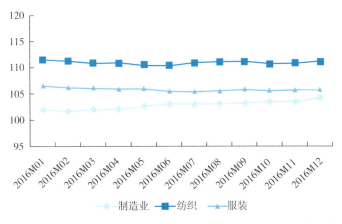

图 1 – 4  2016 年 1—12 月意大利纺织服装行业出厂价格指数变化情况

资料来源：Eurostat，2017 年 2 月。

2. 印度

作为印度最大的出口创汇部门之一的纺织服装工业，是印度的重要经济支柱。目前，印度纺织行业就业人数 4500 万人，产值占工业总产值的 20%，增加值占 GDP 的 6%，出口约为总出口的 12%。

印度是全球最重要的纺织、服装出口国家之一。2015 年，印度纺织、服装出口分别居全球第四位和第六位。纺织行业总出口 198.7 亿美元，同比下降 3.7%。其中，前十大出口国或地区分别为美国、中国、阿联酋、孟加拉国、英国、德国、斯里兰卡、法国、意大利和埃及，前十大累计出口额占出口总额的63.1%。服装行业总出口149.1亿美元，其中，排名前十出口国或地区分别为美国、阿联酋、英国、德国、西班牙、法国、意大利、荷兰、沙特阿拉伯和丹麦，前十大累计出口额占出口总额的76.0%。

表1-7　2015年印度纺织行业出口情况

|  | 出口（亿美元） | 占总出口份额 |
|---|---|---|
| 美国 | 43.9 | 22.1% |
| 中国 | 17.8 | 9.0% |
| 阿联酋 | 17.1 | 8.6% |
| 孟加拉国 | 12.7 | 6.4% |
| 英国 | 8.8 | 4.4% |
| 德国 | 8.4 | 4.2% |
| 斯里兰卡 | 5.0 | 2.5% |
| 法国 | 4.4 | 2.2% |
| 意大利 | 4.1 | 2.1% |
| 埃及 | 3.2 | 1.6% |

资料来源：Comtrade，2017年2月。

表1-8　2015年印度服装行业出口情况

|  | 出口（亿美元） | 占总出口份额 |
|---|---|---|
| 美国 | 32.5 | 21.8% |
| 阿联酋 | 28.4 | 19.1% |
| 英国 | 16.1 | 10.8% |
| 德国 | 10.1 | 6.8% |
| 西班牙 | 7.3 | 4.9% |
| 法国 | 6.7 | 4.5% |
| 意大利 | 4.0 | 2.7% |
| 荷兰 | 3.5 | 2.3% |
| 沙特阿拉伯 | 2.5 | 1.7% |
| 丹麦 | 2.2 | 1.5% |

资料来源：Comtrade，2017年2月。

进入 2016 年，从生产来看，布料增速保持平稳。4—10 月，纱线产量 37986 百万平米，相比 2015 年同期增长 7%。其中，棉布、混纺布、化纤布产量分别为 22165 百万平米、6226 百万平米和 9595 百万平米，分别同比增长 5%、4% 和 −6%。

价格方面，国内需求增加导致纱线价格持续上升，进而拉动原材料棉花价格上升。1—12 月，胶纱价格由 224.8 卢比/千克上升到 243.9 卢比/千克，变形纱价格由 92.8 卢比/千克上涨至 96.2 卢比/千克，棉花价格由 89.9 卢比/千克上涨至 105.2 卢比/千克，而尼龙棉花混纺纱价格略有下降，由 174 卢比/千克降低到 160 卢比/千克。

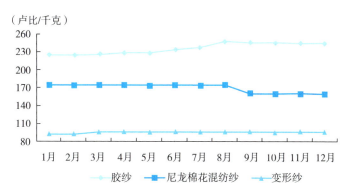

图 1 – 5　2016 年 1—12 月印度纺织服装行业出厂价格指数变化情况

资料来源：印度纺织部，2017 年 2 月。

3. 越南

凭借着国内劳动力和原料成本优势，纺织行业与服装行业成为越南的传统优势出口领域。2015 年，越南纺织行业总出口额为 97.5 亿美元，其中，前十大出口国或地区分别为美国、中国、日本、韩国、柬埔寨、印度尼西亚、中国香港、加拿大、德国和英国，前十大累计出口额占出口总额的 79.9%。2015 年，越南服装行业总出口 173.4 亿美元，其中前十大出口国或地区分别为美国、日本、韩国、德国、英国、中国、西班牙、加拿大、荷兰和法国，前十大累计出口额占出口总额的 89.7%。

表1-9 2016年越南纺织行业出口情况

|  | 出口（亿美元） | 占总出口份额 |
|---|---|---|
| 美国 | 34.3 | 35.2% |
| 中国 | 15.9 | 16.3% |
| 日本 | 12.4 | 12.7% |
| 韩国 | 6.9 | 7.0% |
| 柬埔寨 | 2.8 | 2.8% |
| 印度尼西亚 | 1.8 | 1.9% |
| 中国香港 | 1.8 | 1.8% |
| 加拿大 | 1.7 | 1.8% |
| 德国 | 1.3 | 1.4% |
| 英国 | 1.0 | 1.1% |

资料来源：Comtrade，2017年2月。

表1-10 2016年越南服装行业出口情况

|  | 出口（亿美元） | 占总出口份额 |
|---|---|---|
| 美国 | 83.0 | 47.9% |
| 日本 | 19.3 | 11.1% |
| 韩国 | 18.5 | 10.7% |
| 德国 | 6.4 | 3.7% |
| 英国 | 6.2 | 3.6% |
| 中国 | 5.1 | 2.9% |
| 西班牙 | 5.0 | 2.9% |
| 加拿大 | 4.6 | 2.7% |
| 荷兰 | 4.3 | 2.5% |
| 法国 | 3.1 | 1.8% |

资料来源：Comtrade，2017年2月。

2016年，越南经济保持稳中有进，GDP同比增长6.21%，低于全年预期目标，但是依然高出世界平均水平一倍，位居本地区前列。其中四个季度分别同比增长5.48%、5.78%、6.56%和6.68%。

工业生产方面，受益于经济快速增长，整个制造业及纺织服装工业呈现出良好的增长态势。2016 年，纺织行业与服装行业产量分别同比增长 8.1% 和 5.3%。1—12 月，纺织行业生产指数从 139.3 上升到 178.5，服装行业生产指数从 174.6 上升到 190.5。相比于 2015 年，纺织行业与服装行业各月生产指数均高于 2015 年同期，且纺织行业和服装行业生产指数分别比整体制造业高出 2.6 和 5.2 个百分点。从主要产品来看，棉织品产量为 321.4MNm$^2$，相比 2015 年同比下降 2.6%，化纤织物产量 720.8MNm$^2$，相比 2015 年分别同比增长 6.7%，衣服产量 3434.8 百万件，同比增长 6.2%。生产的快速增长带动了就业增长。相比 2015 年，2016 年纺织品与服装的就业指数分别为 106.8 和 103.6。

### （二）食品工业

#### 1. 法国

法国是欧盟第二大食品市场，其食品工业在制造业中占据非常重要的地位，尤其是食品行业。2015 年，法国食品工业的企业数量、产值分别为 57290 个和 1592 亿欧元，分别占整体制造业的 26.5% 和 20.9%。

表 1-11　2015 年法国食品工业经济指标

| | 制造业 | 食品 | 饮料 |
|---|---|---|---|
| 企业数量（个） | 216103 | 54113 | 3177 |
| 销售收入（亿欧元） | 8535.5 | 1525.0 | 274.1 |
| 产值（亿欧元） | 7610.3 | 1342.5 | 249.5 |

资料来源：Eurostat，2017 年 2 月。

2015 年，法国食品出口 550.3 亿美元，位居全球第四。从出口目的地来看，法国食品主要出口到发达国家，其中前十大出口国或地区分别为英国、德国、比利时、美国、意大利、西班牙、荷兰、中国、日本、瑞士，累计份额为 68.8%。

表 1 - 12　2015 年法国食品行业出口情况

|  | 出口（亿美元） | 占总出口份额 |
|---|---|---|
| 英国 | 52.5 | 11.1% |
| 德国 | 51.5 | 10.9% |
| 比利时 | 48.4 | 10.2% |
| 美国 | 38.0 | 8.0% |
| 意大利 | 36.6 | 7.7% |
| 西班牙 | 33.5 | 7.1% |
| 荷兰 | 24.8 | 5.2% |
| 中国 | 17.0 | 3.6% |
| 日本 | 11.8 | 2.5% |
| 瑞士 | 11.7 | 2.5% |

资料来源：Comtrade，2017 年 2 月。

2016 年，法国经济依旧增长缓慢，但在投资增长带动下经济略好于 2015 年同期。四个季度 GDP 增长率分别为 0.7%、-0.1%、0.2% 和 0.4%，投资增长率分别为 -0.2%、0、0.8% 和 1.3%。

食品工业复苏缓慢，走势与宏观经济类似。工业生产方面，法国食品工业生产整体呈下行态势，与制造业整体水平接近。与 2015 年相比，2016 年食品工业略好。2016 年 1—12 月，食品工业生产指数在 100 左右小幅波动。相比整体制造业，食品工业生产指数均低于整体制造业。具体来说，食品生产情况均接近食品工业整体生产水平，但饮料生产情况则明显好于食品工业整体生产。

图 1 - 6　2016 年 1—12 月法国食品工业生产指数变化情况

资料来源：Eurostat，2017 年 2 月。

销售收入方面，食品工业销售情况相比于 2015 年略有提高。2016 年 1—12 月，各月食品工业销售收入指数约为 115，除 3、4、6、7 月外，各月销售收入指数均高于 2015 年同期。同样，食品工业销售情况好于整体制造业。从销售区域来看，国外销售情况显著好于国内销售，且好于 2015 年同期。

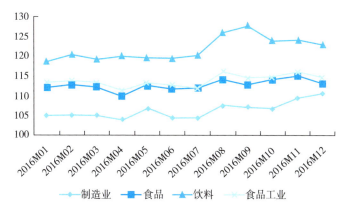

图 1-7　2016 年 1—12 月法国食品工业销售收入指数变化情况

资料来源：Eurostat，2017 年 2 月。

从价格走势来看，呈现缓慢上升趋势。2016 年 1—12 月，食品价格出厂价格指数在 110 左右波动，整体呈上行态势。食品行业与饮料行业价格均高于整体制造业。

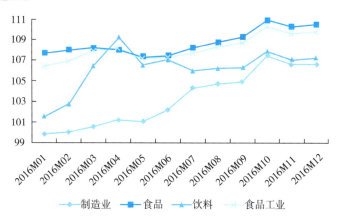

图 1-8　2016 年 1—12 月法国食品工业出厂价格指数变化情况

资料来源：Eurostat，2017 年 2 月。

2. 英国

食品工业是英国制造业中的重要领域，特别是食品行业。2015 年，英国食品行业的企业数量和就业人数分别为 9231 个和 418178 人，分别占整体制造业的 7.0% 和 16.7%。

表 1 - 13 　2015 年英国食品工业经济指标

|  | 制造业 | 食品 | 饮料 |
| --- | --- | --- | --- |
| 企业数量（个） | 131059 | 7496 | 1735 |
| 销售收入（亿欧元） | 7052.9 | 1058.0 | — |
| 产值（亿欧元） | 6611.0 | 982.1 | — |
| 就业人数（人） | 2498438 | 373983 | 44195 |

资料来源：Eurostat，2017 年 2 月。

从出口目的地来看，英国食品工业出口集中度较高，主要集中在欧盟内部的爱尔兰、法国、荷兰和德国四国。2015 年，英国食品工业总出口 250.9 亿美元，其中前十大出口国或地区分别为爱尔兰、美国、法国、荷兰、德国、西班牙、意大利、比利时、中国香港、中国，累计份额为 63.7%。

表 1 - 14 　2015 年英国食品行业出口情况

|  | 出口（亿美元） | 占总出口份额 |
| --- | --- | --- |
| 爱尔兰 | 43.3 | 17.2% |
| 美国 | 26.2 | 10.4% |
| 法国 | 25.1 | 10.0% |
| 荷兰 | 17.5 | 7.0% |
| 德国 | 15.8 | 6.3% |
| 西班牙 | 9.0 | 3.6% |
| 意大利 | 7.0 | 2.8% |
| 比利时 | 6.1 | 2.4% |
| 中国香港 | 5.1 | 2.0% |
| 中国 | 4.7 | 1.9% |

资料来源：Eurostat，2017 年 2 月。

2016 年，英国经济持续低迷，下半年受制于投资下降，经济存在下行压力。四个季度 GDP 增长率分别为 -5.4%、-0.5%、-6.6% 和 -0.9%。

食品工业生产恢复加快，价格呈现持续上行态势。从生产来看，食品工业生产好于 2015 年。2016 年 1—12 月，食品生产增长显著，各月生产指数均高于制造业，生产指数在 105 左右波动。

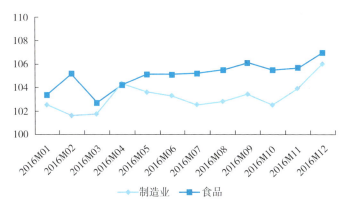

图 1 - 9　2016 年 1—12 月英国食品工业生产指数变化情况

资料来源：Eurostat，2017 年 2 月。

从价格来看，食品价格持续上升。2016 年 1—12 月，食品工业出厂价格指数持续走高，从 106.4 上升到 109.8，而且多个月份均高于 2015 年同期。分产品来看，食品价格扭转了 2015 年下行的趋势，而饮料价格则有一个明显的波动。2016 年 1—12 月，食品出厂价格指数从 107.7 上升到 110.5，饮料出厂价格指数从 101.5 上升到 107.2。

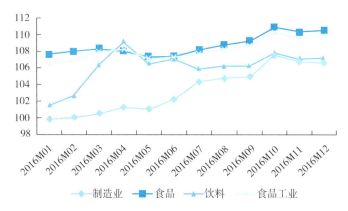

图 1 - 10　2016 年 1—12 月英国食品工业出厂价格指数变化情况

资料来源：Eurostat，2017 年 2 月。

### （三）医药工业

1. 德国

德国是全球第三大、欧盟第一大医药市场，其2014年医药市场规模为497.0亿美元。德国医药工业增速自欧元区债务危机以来持续放缓。德国医药工业是制造业的重要组成部分，医药企业平均产值显著高于整体制造业。2014年，德国医药企业总计669家，其中制剂企业和基本药物企业分别为593家和76家；产值438.4亿欧元，其中制剂和基本药物产值分别为481.8亿和15.1亿欧元；就业12.8万人。与整体制造业相比，医药企业数量占制造业0.31%，但产值达到2.47%，医药企业平均产值为整体制造业8倍。

表1-15    2014年德国医药工业经济指标

|  | 制造业 | 医药工业 | 基本药物 | 制剂 |
| --- | --- | --- | --- | --- |
| 企业数量（家） | 212602 | 669 | 76 | 593 |
| 销售收入（亿欧元） | 20215.6 | 497 | 15.1 | 481.8 |
| 产值（亿欧元） | 17873.7 | 438.4 | — | — |
| 就业人数（人） | 7093694 | 127500 | — | — |

资料来源：Eurostat，2017年2月。

德国是全球第一大医药出口国，占全球总出口的15%左右。从出口目的地来看，德国医药凭借着产品质量优势，主要出口到发达国家。2015年，德国医药出口总额达762.6亿美元，同比下降了5.1个百分点。其中，前十大出口国或地区分别为美国、荷兰、英国、瑞士、法国、比利时、意大利、日本、俄罗斯和西班牙，累计份额为69.3%，同比增长1.2%。其中美国、荷兰、日本等出口国出口额分别同比上涨8.6%、8.3%和18.6%，其余出口市场出口额同比下降。

表1-16    2015年德国医药工业出口情况

|  | 2015年出口（亿美元） | 同比增长 | 占总出口份额 |
| --- | --- | --- | --- |
| 全球 | 762.6 | −5.1% | 100.0% |
| 美国 | 144.3 | 8.6% | 18.9% |
| 荷兰 | 92.2 | 8.3% | 12.1% |
| 英国 | 77.9 | −2.8% | 10.2% |

| | 2015 年出口（亿美元） | 同比增长 | 占总出口份额 |
|---|---|---|---|
| 瑞士 | 52.0 | −5.9% | 6.8% |
| 法国 | 40.0 | −10.4% | 5.2% |
| 比利时 | 29.9 | −6.2% | 3.9% |
| 意大利 | 25.4 | −40.2% | 3.3% |
| 日本 | 24.6 | 18.6% | 3.2% |
| 俄罗斯 | 22.9 | −12.0% | 3.0% |
| 西班牙 | 19.3 | −12.9% | 2.5% |

资料来源：Comtrade，2017 年 2 月。

进口方面，2015 年，德国医药总进口473.8 亿美元，同比下降6.7%。从进口来源地来看，德国对医药产业质量要求较高，主要进口来源地为发达国家。其中，前十大进口来源地分别为美国、荷兰、英国、瑞士、法国、比利时、意大利、日本、俄罗斯和西班牙，累计份额为85.1%。其中荷兰和瑞士进口额分别同比上涨12.5%和29.5%，其余进口来源地进口额均同比下降。

表 1 - 17　2015 年德国医药工业进口情况

| | 2015 年出口（亿美元） | 同比增长 | 占总出口份额 |
|---|---|---|---|
| 全球 | 473.8 | −6.7% | 100.0% |
| 美国 | 88.9 | −1.9% | 18.8% |
| 荷兰 | 87.8 | 12.5% | 18.5% |
| 英国 | 80.3 | −13.8% | 16.9% |
| 瑞士 | 31.1 | 29.5% | 6.6% |
| 法国 | 26.2 | −13.2% | 5.5% |
| 比利时 | 23.1 | −29.5% | 4.9% |
| 意大利 | 20.9 | −27.9% | 4.4% |
| 日本 | 19.9 | −10.0% | 4.2% |
| 俄罗斯 | 13.0 | −22.3% | 2.7% |
| 西班牙 | 12.1 | −9.7% | 2.6% |

资料来源：Comtrade，2017 年 2 月。

　　德国医药工业恢复加快，主要经济指标好于 2015 年。生产方面，制药工业生产较 2015 年有明显好转，2016 年 1—10 月生产指数均高于 2015 年。除 2 月外，各月的生产指数均高于 106，其中 6 月生产指数达到了顶峰，为 134.6。产业结构方面，制药工业生产增加的贡献主要来源于制剂部门，1—10 月制剂工业生产指数变化情况与制药工业生产指数同步率非常高。而基本药物部门生产不乐观，1—10 月基本药物生产指数均不超过 100，不仅没有恢复到 2010 年的生产水平，且低于 2015 年同期。

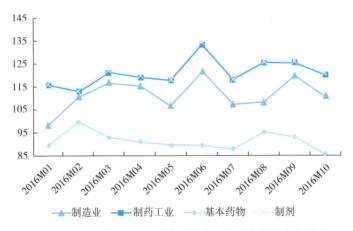

**图 1-11　2016 年 1—12 月德国制药工业生产指数变化情况**

资料来源：Eurostat，2017 年 2 月。

　　销售收入方面，德国医药工业销售好于 2015 年。2015 年 1—10 月销售收入指数均高于 100。制药工业销售收入指数与整体制造业销售收入指数互有波动。各细分领域销售收入与生产情况不同，基本药物为制药工业销售增加作出了主要贡献，制剂贡献较小。与医药工业相比，基本药物销售收入指数除 5 月、6 月、8 月外，其他各月均高于同期医药工业。与制剂相比，基本药物多数月份明显高于同期制剂，特别是 4 月，基本药物销售收入指数高于制剂 15.4。从销售目的地来看，国外销售是销售收入增加的主要来源，国内销售贡献较小。与国内销售收入指数相比，国外销售收入指数各月明显高于国内，各月均高于 20.0 以上。

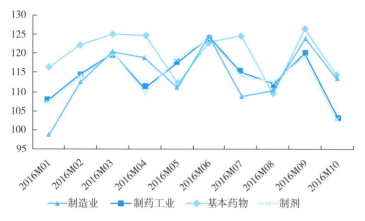

**图 1-12　2016 年 1—12 月德国制药工业销售收入指数**

资料来源：Eurostat，2017 年 2 月。

从就业和产品出厂价格来看，德国制药工业亦好于 2015 年。与 2015 年相比，就业指数和出厂价格指数各月均高于 2015 年同期。从细分产品来看，基本药物和制剂出厂价格指数均好于 2015 年，特别是基本药物。

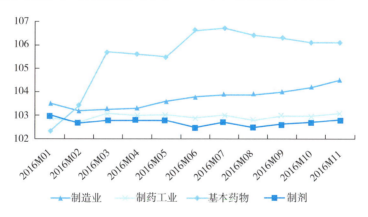

**图 1-13　2016 年 1—12 月德国制药工业出厂价格指数**

资料来源：Eurostat，2017 年 2 月。

2. 比利时

比利时是全球知名的药品分销中心和制药产业技术中心。比利时大型药企主要为欧米茄制药、优时比制药（UCB）、杨森制药（1961 年已经并入美国强生集团，属于强生集团的全资子公司）等公司，此外，在比利时大量投资的大型跨国药企有辉瑞制药、百特、赛诺菲－安万特、先灵葆雅、健赞制药、罗氏制药、雅培公司以及葛兰素史克等大型跨国药企。

出口方面，比利时是全球第三大医药出口国，仅次于德国和瑞士。比利时医药工业出口目的地主要为发达国家，这一点与德国医药工业类似。2015年，比利时医药工业出口总额为460.5亿美元，其中，出口排在前十位的国家分别为美国、法国、德国、英国、意大利、荷兰、西班牙、日本、俄罗斯和加拿大，前十国累计出口额占全球出口总额的70.8%。

表1-18　2015年比利时医药工业出口情况

|  | 2015 年出口（亿美元） | 同比增长 | 占总出口份额 |
|---|---|---|---|
| 全球 | 460.5 | -13.3% | 100.0% |
| 美国 | 88.6 | 0.9% | 19.2% |
| 法国 | 51.4 | -27.9% | 11.2% |
| 德国 | 47.9 | -26.4% | 10.4% |
| 英国 | 41.9 | -20.4% | 9.1% |
| 意大利 | 38.7 | 5.5% | 8.4% |
| 荷兰 | 15.3 | 0.5% | 3.3% |
| 西班牙 | 13.0 | -11.9% | 2.8% |
| 日本 | 11.9 | -17.4% | 2.6% |
| 俄罗斯 | 9.3 | -25.9% | 2.0% |
| 加拿大 | 8.3 | -25.9% | 1.8% |

资料来源：Comtrade，2017 年 2 月。

进口方面，2015 年，比利时医药总进口 385.6 亿美元，同比下降 9.6%。进口来源地方面，比利时医药主要进口来源地均为发达国家。其中前十大进口国或地区分别为美国、爱尔兰、意大利、法国、德国、瑞士、新加坡、荷兰、英国和加拿大。前十国累计份额占进口总额的 85.1%。其中，从美国和意大利等进口国进口额分别同比上涨 5.5% 和 7.6%，其余进口来源地进口额均同比下降。

表 1-19　2015 年比利时医药工业进口情况

|  | 2015 年出口（亿美元） | 同比增长 | 占总出口份额 |
|---|---|---|---|
| 全球 | 385.6 | -9.6% | 100.0% |
| 美国 | 107.4 | 5.5% | 27.9% |
| 爱尔兰 | 63.1 | -3.0% | 16.4% |
| 意大利 | 58.2 | 7.6% | 15.1% |
| 法国 | 33.4 | -36.1% | 8.7% |
| 德国 | 25.7 | -28.1% | 6.7% |
| 瑞士 | 22.8 | -15.5% | 5.9% |
| 新加坡 | 18.6 | -10.8% | 4.8% |
| 荷兰 | 15.1 | -11.5% | 3.9% |
| 英国 | 7.2 | -23.5% | 1.9% |
| 加拿大 | 6.8 | -15.6% | 1.8% |

资料来源：Comtrade，2017 年 2 月。

目前，比利时医药工业产值约占整体制造业的 6% 左右。从企业结构来看，比利时大型医药企业垄断了医药市场，而中小企业数量较多。从市场结构来看，制剂为医药工业的主要产品。从就业人数来看，比利时医药工业就业人数约为整体制造业的 4.7%。

表 1-20　2013 年比利时医药工业经济指标

|  | 制造业 | 医药工业 | 基本药物 | 制剂 |
|---|---|---|---|---|
| 企业数量（个） | 33468 | 115 | 30 | 85 |
| 销售收入（亿欧元） | 2672.7 | 126.7 | 1.0 | 125.6 |
| 产值（亿欧元） | 2536.2 | 151.4 | — | — |
| 就业人数（人） | 481964 | 22779 | — | — |

资料来源：Eurostat，2017 年 2 月。

工业生产方面，比利时医药工业快速增长，情况显著好于 2015 年。2016 年 1—10 月，医药工业生产指数快速上涨，由 1 月份的 128.0 上涨到 10 月份的 159.5。医药工业与整体制造业相比增长迅速，各月医药工业生产指数均高于整体制造业，在制造业的地位得到进一步提升。

**图 1 - 14　2016 年 1—10 月比利时制药工业生产指数**

资料来源：Eurostat，2017 年 2 月。

工业销售方面，比利时医药销售稳步增加，情况亦明显好于 2015 年。2016 年 1—10 月，医药销售收入指数由 138.8 稳步上涨到 188.0。与整体制造业相比，各月销售收入指数均高于同期整体制造业。

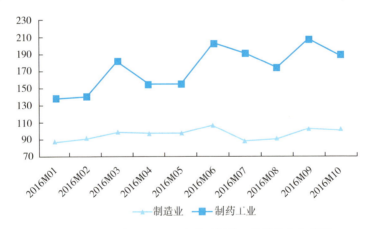

**图 1 - 15　2016 年 1—12 月比利时制药工业销售收入指数**

资料来源：Eurostat，2017 年 2 月。

从出厂价格来看，在整体制造业出厂价格持续走高的趋势下，医药价格保持平稳。2016 年 1—10 月，医药出厂价格指数变化不大，总体持平在 107 左右。相比于 2015 年，2016 年药品价格整体低于 2015 年同期，除了 8、9、10 月，各月出厂价格指数均比 2015 年同期低 5% 左右。

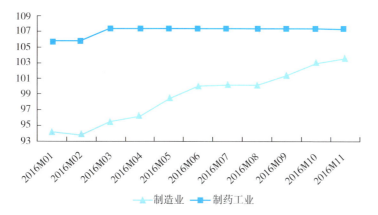

图 1 – 16　2016 年 1—12 月比利时制药工业出厂价格指数

资料来源：Eurostat，2017 年 2 月。

# 第二章  2016 年中国消费品工业发展状况

2016 年是"十三五"开局之年,也是我国消费品工业"经济新常态"下经历转型阵痛的重要一年。全年运行情况看,消费品工业生产增速小幅下滑,内需增长动力不足,但出口出现恢复性复苏趋势。产业发展存在的问题看,外部环境不稳定因素增多、成本压力加剧、消费和投资需求乏力等因素将对消费品工业未来发展带来不利影响。因此,需通过加大政策扶持力度、推进产业结构调整、多手段扩大内需、营造良好出口环境等措施,推动消费品工业稳步发展。

## 第一节  发展现状

### 一、生产增速小幅下滑

2016 年是新常态攻坚较为艰难的一年,实体经济虽有所回暖,但下行趋势未能彻底改变,1—12 月全部工业增加值累计增速较之 2015 年同期小幅下滑 0.1 个百分点。消费品工业大类中,纺织工业增加值增速呈现下滑态势,轻工业较 2015 年同期提高 0.3 个百分点,医药工业在度过新版 GMP 认证之后逐渐进入稳定生产期,工业增加值增速达到 10% 以上,较 2015 年同期上升 0.8 个百分点。13 个主要细分行业中,仅农副食品加工,食品制造,酒、饮料和精制茶制造业,造纸及纸制品业,医药制造业 5 个行业工业增加值增速小幅提升,其他行业增速均出现不同程度的下滑,其中化学纤维制造业生产增速下滑尤为明显,达到 5.1 个百分点。

表 2 - 1　2016 年主要消费品行业工业增加值增速

| 行　业 | 2016 年 1—12 月 | 2015 年 1—12 月 |
|---|---|---|
| 工业 | 6.0% | 6.1% |
| 轻工 | 6.7% | 6.4% |
| 农副食品加工业 | 6.1% | 5.5% |
| 食品制造业 | 8.8% | 7.5% |
| 酒、饮料和精制茶制造业 | 8.0% | 7.7% |
| 皮革、毛皮、羽毛及其制品和制鞋业 | 3.4% | 4.9% |
| 家具制造业 | 6.6% | 6.9% |
| 造纸及纸制品业 | 5.9% | 5.3% |
| 印刷和记录媒介复制业 | 6.1% | 6.7% |
| 文教、工美、体育和娱乐用品制造业 | 3.2% | 5.8% |
| 橡胶和塑料制品业 | 7.6% | 7.9% |
| 纺织 | 4.9% | 6.3% |
| 纺织业 | 5.5% | 7.0% |
| 纺织服装服饰业 | 3.8% | 4.4% |
| 化学纤维制造业 | 6.1% | 11.2% |
| 医药 | 10.6% | 9.8% |
| 医药制造业 | 10.8% | 9.9% |

资料来源：国家统计局，2016 年 12 月。

## 二、出口形势有所好转

2016 年，世界经济整体缓慢弱势复苏，人民币持续贬值，对消费品工业出口带来利好。1—12 月，轻工业、纺织工业、医药工业出口交货值分别同比增长 2.6%、- 0.9% 和 7.4%，较之上年同期分别提高 4 个、1.4 个和 3.6 个百分点，出口形势明显好转。13 个主要消费品行业中，除皮革、毛皮、羽毛及其制品和制鞋业，家具制造业，印刷和记录媒介复制业，纺织服装服饰业 4 个行业，其他行业出口增速均有所提高。化学纤维制造业、医药制造业、食品制造业 3 个行业呈现良好的出口态势，在所有子行业中保持领先水平。

表 2-2    2016 年主要消费品行业出口交货值增速

| 行　业 | 2016 年 1—12 月 | 2015 年 1—12 月 |
|---|---|---|
| 工业 | 0.4% | -1.8% |
| 轻工 | 2.6% | -1.4% |
| 农副食品加工业 | 1.8% | -1.8% |
| 食品制造业 | 6.0% | 1.1% |
| 酒、饮料和精制茶制造业 | 0.6% | -1.9% |
| 皮革、毛皮、羽毛及其制品和制鞋业 | 0.6% | 3.4% |
| 家具制造业 | 3.3% | 5.0% |
| 造纸及纸制品业 | 4.5% | -6.7% |
| 印刷和记录媒介复制业 | 4.9% | 6.8% |
| 文教、工美、体育和娱乐用品制造业 | 1.2% | -10.0% |
| 橡胶和塑料制品业 | 2.0% | -6.2% |
| 纺织 | -0.9% | -2.3% |
| 纺织业 | 0.3% | -3.9% |
| 纺织服装服饰业 | -2.6% | -0.4% |
| 化学纤维制造业 | 8.1% | -8.8% |
| 医药 | 7.4% | 3.8% |
| 医药制造业 | 7.9% | 4.6% |

资料来源：国家统计局，2016 年 12 月。

### 三、内需增长略显低迷

2016 年，受宏观经济下行压力和投资风险加大等因素的影响，消费品工业内需低迷。消费需求方面，12 月消费者信心指数 108.4，同比增长 4.5%，但环比下降 0.2%。1—12 月，全社会消费品零售总额同比增长 10.4%，低于 2015 年同期水平。其中，烟酒类、服装鞋帽、针纺织品、化妆品、家用电器零售额同比增速低于平均水平，城镇消费同比增长 10.4%，低于农村 0.5 个百分点。

固定资产投资方面，除农副食品加工业、食品制造业、造纸及纸制品业 3

个行业外，其他各主要子行业固定资产投资增速较 2015 年同期相比均出现不同程度的回落。其中，家具制造业，印刷和记录媒介复制业，文教、工美、体育和娱乐用品制造业，纺织服装服饰业 4 个行业投资增速下滑尤为明显。

图 2－1　2015 年 12 月—2016 年 12 月全社会消费品零售总额及增速

资料来源：国家统计局，2016 年 12 月。

表 2－3　2016 年主要消费品行业固定资产投资增速

| 行　业 | 2016 年 1—12 月 | 2015 年 1—12 月 |
|---|---|---|
| 制造业 | 4.2% | 8.1% |
| 农副食品加工业 | 9.5% | 7.7% |
| 食品制造业 | 14.5% | 14.4% |
| 酒、饮料和精制茶制造业 | 0.4% | 4.4% |
| 皮革、毛皮、羽毛及其制品和制鞋业 | 6.6% | 10.0% |
| 家具制造业 | 6.4% | 17.7% |
| 造纸及纸制品业 | 9.9% | 0.4% |
| 印刷和记录媒介复制业 | 0.2% | 15.1% |
| 文教、工美、体育和娱乐用品制造业 | 13.5% | 29.7% |
| 橡胶和塑料制品业 | 7.4% | 10.1% |
| 纺织业 | 10.7% | 12.8% |
| 纺织服装服饰业 | 5.6% | 22.0% |
| 化学纤维制造业 | 0.3% | 1.2% |
| 医药制造业 | 8.4% | 11.9% |

资料来源：国家统计局，2016 年 12 月。

# 第二节 存在问题

## 一、外部环境不稳定因素增多

进入 2017 年，消费品工业发展的外部环境面临更多不确定性。一是世界经济复苏依然脆弱，需求不振使得消费品国际贸易缺乏增长动力。大部分国家逼近债务和央行的双重极限，货币宽松政策的边际作用进一步衰退。发达经济体中，美国大选之后的经济政策和外贸政策走向充满变数，英国"脱欧"、难民问题和地缘政治等问题使欧洲经济增长受到阻碍。新兴市场中，资本外流风险依然存在，影响国内实体经济发展。二是发达经济体"逆全球化"趋势增强。美国等传统消费大国推行"再工业化"，将部分进口产品和生产环节转移回国内，削弱对国外消费品工业的进口需求。同时，全球贸易保护主义继续盛行，我国消费品工业出口面临更多挑战。2015 年 10 月至 2016 年 5 月，二十国集团成员出台 145 项新的贸易限制措施，月均新措施数量为 2009 年以来的最高水平[1]。三是竞争力流失问题突出。2016 年 1—8 月，我国劳动密集型产品在美国和日本进口市场份额比 2015 年同期分别下降 1.4 个和 2.6 个百分点，而同期越南则分别上升 0.7 个和 1.2 个百分点[2]。

## 二、新常态下转型阵痛持续

2017 年，以供给侧结构性改革为核心的结构调整和产业转型仍是主线，由此带来的挑战不可避免。一是经济下行压力加大，企业融资难问题更加突出。在目前我国以大型银行为主的融资环境下，大型金融机构为小微企业服务的动力不足，而小微企业在质押物普遍缺乏的情况下，难以从正规金融机构获得行业发展需要的资金，流动性缺乏成为企业发展面临的主要障碍，制

---

① 商务部：《中国对外贸易形势报告（2016 年秋季）》，《国际贸易》2016 年 11 月 20 日。
② 商务部：《中国对外贸易形势报告（2016 年秋季）》，《国际贸易》2016 年 11 月 20 日。

约着以中小企业为主的消费品工业发展壮大。二是企业节能减排和环境保护压力加大。随着新环保法的深入实施以及党中央、国务院和各地方政府治理雾霾力度的空前加大，造纸、皮革、印染、原料药制造等环境敏感型消费品工业企业节能减排改造势在必行，而投资大、融资难、回报周期长等问题导致消费品工业企业特别是中小微企业生存空间日趋萎缩。三是企业亏损情况加剧。2016 年，消费品工业亏损深度虽有所降低，但亏损面进一步扩大，纺织工业尤其严重。在需求乏力和综合成本（人工、融资、节能减排、物流、社会福利等）上升的双重挤压下，2017 年消费品工业亏损面可能进一步扩大。

表 2－4　2016 年主要消费品行业亏损情况及比较

| 行业名称 | 亏损面 | | | 亏损深度 | | |
|---|---|---|---|---|---|---|
| | 2016 年 | 2015 年 | 变化 | 2016 年 | 2015 年 | 变化 |
| 工业 | 11.9% | 12.0% | －0.1% | 11.9% | 14.2% | －2.3% |
| 轻工 | 9.4% | 9.3% | 0.1% | 4.3% | 4.9% | －0.7% |
| 农副食品加工业 | 7.9% | 8.0% | －0.1% | 4.3% | 5.6% | －1.3% |
| 食品制造业 | 8.5% | 9.0% | －0.5% | 3.7% | 3.9% | －0.3% |
| 酒、饮料和精制茶制造业 | 8.8% | 9.2% | －0.4% | 4.7% | 5.2% | －0.4% |
| 皮革、毛皮、羽毛及其制品和制鞋业 | 8.9% | 7.9% | 1.1% | 3.1% | 2.6% | 0.5% |
| 家具制造业 | 9.0% | 9.0% | 0.0% | 3.6% | 3.7% | －0.1% |
| 造纸及纸制品业 | 11.2% | 11.2% | 0.0% | 9.2% | 13.0% | －3.8% |
| 印刷业和记录媒介的复制 | 11.3% | 10.9% | 0.4% | 4.7% | 3.7% | 1.0% |
| 文教、工美、体育和娱乐用品制造业 | 7.9% | 8.1% | －0.1% | 2.7% | 2.7% | 0.0% |
| 塑料制品业 | 10.5% | 10.3% | 0.2% | 4.9% | 5.3% | －0.5% |
| 家用电力器具制造 | 13.0% | 13.3% | －0.4% | 1.8% | 3.3% | －1.4% |
| 纺织 | 10.4% | 9.7% | 0.7% | 4.2% | 4.7% | －0.5% |
| 纺织业 | 9.8% | 9.4% | 0.4% | 3.5% | 4.1% | －0.6% |
| 纺织服装服饰业 | 10.6% | 9.1% | 1.5% | 3.9% | 3.2% | 0.7% |
| 化学纤维制造业 | 16.3% | 17.3% | －1.1% | 9.7% | 15.1% | －5.4% |
| 医药 | 10.1% | 10.2% | －0.1% | 3.0% | 3.5% | －0.5% |
| 医药制造业 | 10.2% | 10.3% | －0.1% | 3.0% | 3.2% | －0.2% |

资料来源：国家统计局，2016 年 12 月。

### 三、内需增长乏力

2017 年，我国消费品工业发展依然面临消费投资信心不足，内需增长乏力的问题。一是房地产市场的爆发透支了居民收入，居民中长期贷款保持高位，一定程度上抑制了消费需求的增长。尽管收入分配调节力度不断加大，居民收入增长预期向好，但受经济下行压力增大影响，增长放缓可能性较大。二是关联产业需求明显乏力。国家对房地产市场的调控虽有利于经济社会的长期发展，但客观上会造成家居消费、产业用纺织品等相关产业链需求的下滑。三是在经济下行压力增大态势未能明显扭转的背景下，企业投资信心仍显不足。2016 年前三季度，企业景气指数和企业家信心指数一直在临界值边缘徘徊。进入 2017 年，伴随经济下行压力的持续，这一趋势或将延续。

# 第三节　对策建议

## 一、加大政策扶持力度

一是深入贯彻落实《国务院办公厅关于开展消费品工业"三品"专项行动营造良好市场环境的若干意见》，加大对儿童用品、儿童食品、儿童药品等重点领域的扶持力度。二是认真落实《中国制造 2025》，统筹安排"重大新药创制"、工业转型升级、高端医疗诊断设备、物联网专项等政策性扶持资金，加大对消费品工业领域的技术改造、仿制药质量和疗效一致性评价、节能减排与资源综合利用、小型微型企业创业创新示范基地的公共服务平台、创意设计等方面的支持力度。三是认真落实《产业技术创新能力发展规划（2016—2020 年）》，完善产业创新体系，加大共性关键技术研发力度，完善综合标准化体系，发展高附加值消费品工业。四是认真落实《海关总署公告2016 年第 26 号（关于跨境电子商务零售进出口商品有关监管事宜的公告)》，加强对跨境电子商务零售进出口商品的监管，加快调整国产箱包、手表、婴童食品、珠宝饰品、洗护用品、葡萄酒等重点消费品消费税，引导境外消费回流。五是认真落实国家有关中小微企业税收优惠、农产品增值税抵扣、农业产业化龙头企业税收减免、新购设备增值税抵扣、固定资产加速折旧、阶段性降低社会保险费率以及其他降低实体经济负担的相关政策，取消一切不合理的收费与规费，切实减轻企业负担。

## 二、深入推进产业结构调整

一是紧抓京津冀一体化、"一带一路"、长江经济带等区域经济发展的有利时机，有序推进消费品工业产业转移和区域经济协同发展。优化产业布局，持续推进纺织、食品等劳动密集型企业向中西部地区转移。二是深入推进造纸、制革、印染、化纤、铅蓄电池等环境敏感型企业节能减排改造和淘汰落后产能工作，推进节能减排和清洁生产，鼓励优势企业跨地区、跨行业兼并重组，提高行业集中度。三是大力推进仿制药质量和疗效一致性评价。进一步梳理当前医药企业现有药品品种一致性评价进展，分析总结一致性评价过程中存在的问题以及困难，加大对企业进行一致性评价的引导和支持，同时积极协调金融机构增加对医药企业实行一致性评价的金融支持，缓解企业资金压力。

## 三、打好扩大内需"组合拳"

一是深入挖掘消费增长潜力。以支持鼓励创新为重点，加快推动电子信息消费、农村服务消费、绿色循环消费等新型消费的推广。以新型城镇化建设为契机，推进农村商品和服务消费。增大信贷对农村消费的支持力度，扩大信贷规模，简化贷款流程，延长贷款时限。二是推进品牌建设和提升工程。发挥企业品牌建设主体作用，加大品牌宣传力度，推进食品、纺织和轻工产品自主品牌建设，刺激消费需求释放。三是大力推进"互联网＋"消费品工业。借力电子商务新业态，鼓励发展面向健康型、改善型、便捷型的精细化消费和个性化消费，促进消费结构转型升级，释放新的消费需求。引导和支持企业根据消费趋势、重点消费群体特征，加强创意设计，生产多品种、多系列、多规格、多款式的产品，丰富市场供给，满足消费者多元化的消费需求。四是引导和支持各地围绕生物医药、医药大健康、创业创新、创意设计等新兴领域，设立新兴产业创业投资引导基金，撬动金融资本、社会资本、民间资本，挖掘投资需求增长潜力，促进投资需求增长。

## 四、营造良好出口贸易环境

一是加强区域贸易合作。加快推进中蒙俄、孟中印缅、中巴经济走廊建设，积极开拓新兴经济体市场。加快中日韩自贸协定、中国—挪威自贸协定、中国—海合会自贸协定谈判，结合我国消费品工业发展现状，制定科学合理的贸易规则，减少贸易摩擦，扩大进出口贸易。二是全面落实国家"一带一路"重大战略。深化与"一带一路"沿线各国的合作，搭建产品出口与轻纺、化学原料药等重点领域产能国际合作平台，支持企业在相关国家建立产品分销中心和境外原料与产品加工基地，助力产品出口和国内过剩产能"走出去"。三是建立灵活的出口税费制度。降低企业出口相关的行政事业性收费，继续减免通关费、检验和检疫费，探索减少商检费、仓储费等费用。根据产品出口形势，适度提高重点轻纺产品的出口退税税率，消化企业库存压力。综合运用出口信贷担保、出口信用融资等手段，加大对重点轻纺产品出口的支持力度。

# 行业篇

# 第三章　纺织工业

2016 年，纺织工业依然延续之前低迷的运行态势，生产、投资和消费增速均较之上年同期明显趋缓，仅出口形势稍有缓解。同时，受国内市场需求低迷、劳动力和原料成本上升等因素影响，纺织工业盈利能力也明显下降。随着国家产业结构调整和供给侧结构性改革的深入推进，纺织工业亏损情况有所改善，但化学纤维制造业高利润、高亏损的两极分化现象仍然严重。重点领域看，服装产业通过多元化发展、渠道整合以及"走出去"等方式加快转型升级，化纤产业结构调整也进入深水期。整体来看，国际贸易环境复杂、要素成本快速上升、资源环境压力加大、自主品牌建设滞后等是纺织工业发展亟须解决的主要问题。

## 第一节　发展概况

### 一、运行情况

#### （一）生产增速持续下滑

从工业增加值看，2016 年纺织工业增加值累计增长 4.9%，低于 2015 年同期 1.4 个百分点；占全国比重 5.8%，较之上年同期下降 0.1 个百分点。从全年增速变化趋势看，纺织工业仍然面临严峻的下行压力。从细分产业看，化学纤维制造业生产增速下滑明显，工业增加值增速仅为 2015 年同期的 54.5%，纺织业和纺织服装服饰业生产增速也出现不同程度的下滑。

表3－1　2016年纺织工业增加值增速与上年之比

| 行　业 | 1—3月 | 1—6月 | 1—9月 | 1—12月 |
|---|---|---|---|---|
| 纺织工业 | 100.0% | 95.6% | 84.8% | 77.8% |
| 其中：纺织业 | 116.7% | 102.8% | 86.1% | 78.6% |
| 纺织服装服饰业 | 85.2% | 96.1% | 89.4% | 86.4% |
| 化学纤维制造业 | 64.4% | 75.0% | 70.3% | 54.5% |

注：2015年均为正增长。

资料来源：国家统计局，2017年1月。

从产品产量看，2016年主要大类产品除毛机织物和服装外均保持增长态势，但增幅较之上年同期明显收窄。其中，毛机织物、无纺布、化学纤维产量增速下滑尤为明显，下降幅度达到5%以上。服装产业景气度依然不高，全年累计产量呈负增长，带动上游毛机织物产量下滑7.2%。

表3－2　2016年纺织工业主要产品产量累计增速与上年之差

| 产品 | 单位 | 1—3月 | 1—6月 | 1—9月 | 1—12月 |
|---|---|---|---|---|---|
| 纱 | 万吨 | 1.7 | 1.7 | 1.5 | －1.2 |
| 布 | 亿米 | －2 | －1.3 | －1.5 | －0.4 |
| 绒线 | 万吨 | 7 | 0 | －0.7 | 3.5 |
| 毛机织物 | 万米 | －10.4 | －3.9 | －4.4 | －7.7 |
| 蚕丝 | 吨 | －8.7 | 1 | 0.5 | －4.2 |
| 无纺布 | 万吨 | －3.8 | －2.6 | －9 | －7.8 |
| 服装 | 万件 | －3.6 | 0 | －0.3 | －3.6 |
| 化学纤维 | 万吨 | －6.7 | －2.1 | －4.7 | －8.7 |

资料来源：国家统计局，2017年1月。

### （二）出口形势有所好转

随着行业结构调整的持续推进，纺织工业出口形势有所缓解。2016年，完成出口交货值9176.8亿元，同比下降0.9%，增速较之上年同期提高1.4个百分点。从细分行业看，受益于国际市场需求的增长，化学纤维制造业出口交货值同比增长8.1%，较之2015年同期提高16.9个百分点。从出口结构看，纺织服装服饰业仍是出口主导产业，占比达54.7%。较之2015年，纺织业出口交货值占比下降0.8个百分点，化学纤维制造业占比相应提高。

表3-3 2016年纺织工业出口交货值累计增速与上年之差

| 行 业 | 1—3月 | 1—6月 | 1—9月 | 1—12月 |
|---|---|---|---|---|
| 纺织工业 | 2.2% | 3.3% | 2.6% | 1.4% |
| 其中：纺织业 | 3.3% | 4.7% | 4.1% | 4.2% |
| 纺织服装服饰业 | −0.5% | 0.8% | 0.2% | −2.2% |
| 化学纤维制造业 | 19.2% | 17.8% | 16.0% | 16.9% |

资料来源：国家统计局，2017年1月。

### （三）投资增速大幅回落

2016年，国家大力推动供给侧结构性改革，制造业投资的主要方向是补短板、调结构，全年投资增速低位运行。纺织工业是供给侧结构性改革的重点领域，固定资产投资增速由2015年的15.4%下滑至2016年的7.7%，降幅高出制造业平均水平3.8个百分点。分行业看，经过2015年的投资改造，纺织服装服饰业固定资产投资告别之前的高速增长态势，大幅下滑16.4个百分点。纺织业和化学纤维制造业依然保持稳中趋缓的发展势头。

表3-4 2016年纺织工业固定资产投资累计增速与上年之差

| 行 业 | 1—3月 | 1—6月 | 1—9月 | 1—12月 |
|---|---|---|---|---|
| 制造业 | −4.0% | −6.4% | −5.2% | −3.9% |
| 纺织工业 | −6.3% | −8.4% | −9.3% | −7.7% |
| 其中：纺织业 | 1.4% | 2.1% | −4.1% | −2.1% |
| 纺织服装服饰业 | −16.8% | −25.3% | −20.6% | −16.4% |
| 化学纤维制造业 | −10.2% | −3.2% | 2.5% | −0.9% |

资料来源：国家统计局，2017年1月。

### （四）消费需求持续低迷

2016年，社会消费品零售总额增长10.4%，低于2015年同期0.3个百分点，消费需求持续低迷。受大环境影响，纺织工业亦不能独善其身，服装鞋帽、针、纺织品类商品全年零售额累计14433亿元，同比增长7%，增速较之

2015 年同期下滑 2.8 个百分点。其中，服装类商品零售总额同比增长 6.8%，不仅低于大类产品平均值，同时也低于 2015 年同期 2.5 个百分点。

图 3-1　2016 年限上企业纺织类商品零售总额及增速

资料来源：国家统计局，2017 年 1 月。

## 二、效益情况

### （一）盈利能力下降

受国内市场需求低迷、劳动力和原料成本上升等因素影响，纺织工业盈利能力明显下降。2016 年，全行业实现主营业务收入和利润总额分别为 72137.6 亿元和 3925.2 亿元，同比分别增长 3.7% 和 3.6%，增速较之上年同期分别下降 1.5 个和 1.9 个百分点。分行业看，纺织业和纺织服装服饰业收入、利润增速均不同程度地下滑，而化学纤维制造业受益于产品价格快速上涨，盈利水平在三大子行业中表现突出。从盈利结构看，纺织业仍占整个纺织工业的 50% 以上，高附加值的纺织服装服饰业和化学纤维制造业比重不高，行业结构仍待进一步优化。从盈利能力看，纺织业和纺织服装服饰业的销售利润率持续小幅下滑，成本压力对行业发展的负面作用日益凸显。

表 3 − 5　2016 年纺织工业盈利情况与上年比较

| 行　业 | 收入增速 | | 利润增速 | | 收入占纺织工业的比重 | | 利润占纺织工业的比重 | |
|---|---|---|---|---|---|---|---|---|
| | 2015 年 | 2016 年 | 2015 年 | 2016 年 | 2015 年 | 2016 年 | 2015 年 | 2016 年 |
| 纺织工业 | 5.2% | 3.7% | 5.5% | 3.6% | — | — | — | — |
| 其中：纺织业 | 5.4% | 3.9% | 5.1% | 3.5% | 57.8% | 56.7% | 57.2% | 55.9% |
| 纺织服装服饰业 | 5.6% | 4.6% | 4.0% | 2.4% | 31.7% | 32.7% | 34.5% | 34.8% |
| 化学纤维制造业 | 1.2% | 3.7% | 15.2% | 19.9% | 10.5% | 10.6% | 8.3% | 9.3% |

资料来源：国家统计局，2017 年 1 月。

表 3 − 6　2016 年纺织工业销售利润率与上年之比

| 行　业 | 3 月 | 6 月 | 9 月 | 12 月 |
|---|---|---|---|---|
| 纺织工业 | 100.5% | 101.6% | 99.5% | 99.9% |
| 其中：纺织业 | 101.9% | 103.4% | 100.7% | 99.5% |
| 纺织服装服饰业 | 99.3% | 101.2% | 97.2% | 97.7% |
| 化学纤维制造业 | 93.0% | 89.7% | 99.6% | 111.3% |

注：2015 年均为正增长。

资料来源：国家统计局，2017 年 1 月。

## （二）亏损情况有所改善

2016 年，纺织工业共有 3948 家企业发生亏损，亏损面为 10.4%，较 2015 年同期下降 0.9 个百分点。亏损企业累计亏损额为 166 亿元，亏损深度为 4.2%，较 2015 年同期下降 0.7 个百分点。与工业平均水平相比，纺织工业在经历转型阵痛后，亏损状况明显好转。分行业看，化学纤维制造业两极分化现象仍然严重，利润增长 19.9% 的同时，亏损面和亏损深度却达到 16.3% 和 9.7%，企业面临的生存压力远大于纺织业和纺织服装服饰业。

表 3 – 7  2016 年纺织工业亏损情况与上年比较

| 行　业 | 亏损面 | | 亏损深度 | |
|---|---|---|---|---|
| | 2015 年 | 2016 年 | 2015 年 | 2016 年 |
| 工　业 | 13.2% | 11.9% | 14.3% | 11.9% |
| 纺织工业 | 11.3% | 10.4% | 4.9% | 4.2% |
| 其中：纺织业 | 10.7% | 9.8% | 4.3% | 3.5% |
| 纺织服装服饰业 | 11.1% | 10.6% | 3.9% | 3.9% |
| 化学纤维制造业 | 19.9% | 16.3% | 12.6% | 9.7% |

资料来源：国家统计局，2017 年 1 月。

## 三、重点领域情况

### （一）服装产业转型升级呈现三大趋势

2016 年，面对经济发展新常态，国家大力推进供给侧结构性改革，进一步挖掘经济增长潜力，推动产业结构调整，为服装产业转型升级指明了方向。

一是多元化步伐加快。随着人工、原料、物流成本的上升，传统服装产业盈利能力明显下降，单纯"制造"难以支撑行业发展，越来越多的企业加速向文化、时尚、科技、金融等多个领域扩张，整合、并购、跨界等活动日益频繁。如朗姿股份布局医疗美容产业、南极人收购 Cartelo Crocodile Pte Ltd.、拉夏贝尔投资咖啡品牌等。

二是渠道整合加速。在"互联网＋"快速发展的同时，线下实体品牌加速与互联网资源的融合，线上电商品牌也开始在线下寻求发展，实体品牌与电商品牌的合作也频频发生，服装产业渠道整合步伐加速。如银泰商业支持阿里线上品牌落地门店专柜、韩都衣舍与探路者合作投资童装业务、拉夏贝尔投资七格格、报喜鸟参股吉姆兄弟等。

三是"走出去"进程提速。随着国家"一带一路"倡议的推进和区域经济合作进程的加快，服装企业纷纷通过海外并购、对外投资等方式布局全球市场。如卡奴迪路宣布收购意大利时尚运动品牌 Dirk Bikkembergs、如意集团竞购法国轻奢时装集团 SMCP、健盛集团加大对越南服装产业投资力度等。

### （二）化纤行业结构调整进入深水期

近年来，化学纤维制造业加大转型升级力度，在去产能、调结构等多重努力下，改革成效显著。2016 年，利润增速达到 19.9%，远高于纺织工业平均水平。但两极分化现象仍然严重，行业亏损面和亏损深度居三大子行业之首，中小企业在市场竞争中处于劣势，亏损日益严重。

随着国家供给侧结构性改革的持续推进，化纤产业结构调整进入深水期。一是高性能化、差别化、生态化纤维等高端产品成为产业发展重点方向，部分常规化纤产品进入落后产能淘汰阶段。二是国家环保要求提高，再生聚酯、粘胶行业、锦纶行业等高污染行业产能受到影响，绿色制造、循环经济等发展理念逐步深入。三是"最严超限令"发布，企业物流成本上升，利润空间受到挤压，倒逼企业转型升级，寻找新的经济增长点。

# 第二节　存在问题

## 一、国际贸易环境复杂

2016 年，世界经济增长低于预期，美国、欧元区等发达经济体经济增速明显回落，国际贸易持续低迷，大大增加了贸易保护和去全球化的风险。2016 年我国共遭遇来自 27 个国家（地区）发起的 119 起贸易救济调查案件，案件数量同比上升 36.8%，达到历史高点①。我国纺织工业比较优势逐步递减，无法与东南亚国家形成明显的差异化，高端领域产品缺乏，因此更容易遭遇贸易壁垒。加之多数企业在面对贸易摩擦时缺乏有效的应对措施，受到的冲击更大。

## 二、要素成本快速上升

纺织工业是典型的劳动密集型产业，随着国家及各地最低工资标准线的逐年上调以及就业者社会保障制度的日臻完善，面临的用工成本压力持续高涨，东部沿海人工成本年均增速超过 10%。大宗商品价格触底反弹，国际原

---

① 《2016 年我国遭遇贸易救济案件数量达历史高点》，新华网，2017 年 1 月 5 日。

油价格震荡上涨，"最严超限令"全面实施，企业的原料成本、能源成本、物流成本大幅上涨，挤压原本就微薄的利润空间。随着要素成本的快速上升，我国纺织工业竞争力逐渐流失，产业和订单加速转移向东南亚、拉美、非洲等国家。据统计，2016年越南对美国纺织品出口114.5亿美元，占其纺织品出口总额的48%[①]。

## 三、资源环境压力加大

近年来，纺织新产品、新染化料、新工艺的开发力度逐年加大，产品质量、生产效率和节水效率不断提高，但是各项污染物的浓度也伴随着不断提高，纺织工业已经成为我国排名第四的高排放行业。在国家大力治理环境污染的各项措施下，企业治污减排成本大幅增加，环保带来的压力剧增。此外，《纺织工业发展规划（2016—2020年)》提出要推进纺织行业绿色制造、绿色产品标准体系建设，适时制修订重点产品能耗、水耗及重点行业污染物排放标准，企业技术改造和节能减排的投入压力也随之上升。

## 四、自主品牌建设滞后

我国纺织服装品牌市场开拓能力和快速转型能力较弱，产品出口多以贴牌加工为主，自主品牌市场份额低，国际知名品牌几乎为零。而在国内，高档纺织品服装的市场多被国际知名品牌和二线品牌占据，本土品牌在高端市场的竞争力极弱，削弱了企业的价值空间。"十三五"期间，纺织工业力推品牌价值提升，塑造品牌的国际竞争力。基于此，行业面临新一轮洗牌，大量自主品牌建设滞后的中小纺织企业可能逐渐失去现有市场份额，转型升级压力空前。

---

① 《越南2016年有近一半纺织品出口美国》，《中国纺织报》2017年2月28日。

# 第四章　生物医药及高性能医疗器械行业

2016年，生物医药及高性能医疗器械行业在消费品工业中表现突出，工业增加值增速领先全工业，增速重回两位数，投资规模不断扩大，出口交货值增速明显提高，主营业务收入呈现快速增长。细分行业中，化学制药行业盈利能力大幅提升，中成药制造业收入利润表现均不乐观，生物药品制造业回归平稳发展，医疗器械行业持续快速增长。行业发展仍然存在突出问题，一是公立医疗机构购药需求放缓，二是企业成本压力增大，三是药品供应波动或将加剧，四是国产医疗器械应用困局难破。

## 第一节　发展概况

### 一、生产情况

#### （一）医药工业增加值增速领先全工业，增速重回两位数

2016年，与全工业相比，医药工业增加值增速重回两位数，成为仅次于汽车制造业的快速增长行业，主要贡献来自于化学原料药和化学制剂行业。1—12月，全工业工业增加值增速在5.5%—6.0%区间浮动，相比于2015年增速出现下降。1—12月，医药行业工业增加值增速在9.0%—10.8%左右浮动，多个月份工业增加值保持两位数的增长。2016年1—12月，全国规模以上工业增加值同比增长6.0%，增速同比下降0.1个百分点，回落趋势好转。2016年1—12月，医药工业增加值同比增长10.6%，增速同比上升0.8个百分点，比工业平均水平高4.6个百分点，在各工业门类中排名前列。2011—2016年，医药行业工业增加值占全工业比重由2.3%上升到3.3%，增加1个

百分点，反映出医药工业对工业经济增长的贡献进一步扩大。

表 4 – 1　2015—2016 年 1—12 月工业和医药行业增加值增速比较

| 时间 | 工业 | | 医药行业 | |
|---|---|---|---|---|
| | **2015** | **2016** | **2015** | **2016** |
| 1—12 月 | 6.1% | 6.0% | 9.8% | 10.6% |

资料来源：国家统计局，2017 年 2 月。

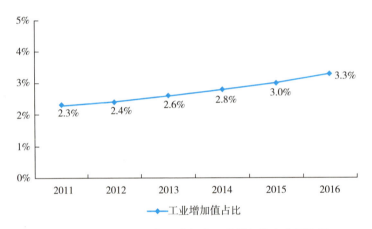

图 4 – 1　2011—2016 年医药行业工业增加值占全国比重

资料来源：国家统计局，2017 年 2 月。

**（二）投资规模不断扩大，增速下半年出现回落**

2016 年 1—12 月，医药行业固定资产投资规模单月相比 2015 年单月都有所增加，但进入 8 月之后，投资增速放缓，回落到个位数。这主要是因为上半年全球投资避险情绪严重，医药行业作为民生行业受到了资金的青睐，下半年，由于监管部门对于企业经营管理、生产流程、药品质量的抽检力度和经营要求进一步加大，多家企业因此停工停产，影响了企业的投资力度。2016 年 1—12 月，医药制造业完成固定资产投资 6299.2 亿元，同比增长 8.4%，较 2015 年 11.9% 的增速有所下降。1—12 月投资增速较 1—2 月下降了 1.8 个百分点。"中国制造 2025" 重点领域、新产品产业化仍是医药企业投资重点，生物药和高能医疗器械领域建设新投资明显增加。

表 4 - 2　2015—2016 年 1—12 月医药行业固定资产投资

| 时间 | 2015 年 | | 2016 年 | |
|---|---|---|---|---|
| | 投资额（亿元） | 比上年同期增长 | 投资额（亿元） | 比上年同期增长 |
| 1—2 月 | 346.9 | 17.3% | 382.3 | 10.2% |
| 1—3 月 | 798.49 | 15.5% | 894.9 | 12.1% |
| 1—4 月 | 1232.8 | 11.7% | 1417.7 | 15.0% |
| 1—5 月 | 1760.2 | 9.3% | 2029.9 | 15.3% |
| 1—6 月 | 2479.9 | 9.4% | 2770.8 | 11.7% |
| 1—7 月 | 3011.1 | 9.2% | 3351.8 | 11.3% |
| 1—8 月 | 3591.4 | 9.9% | 3914.1 | 9.0% |
| 1—9 月 | 4203.5 | 11.1% | 4551.7 | 8.3% |
| 1—10 月 | 4780.6 | 11.8% | 5206.9 | 8.9% |
| 1—11 月 | 5294.9 | 12.3% | 5746.6 | 8.5% |
| 1—12 月 | 5811.9 | 11.9% | 6299.2 | 8.4% |

资料来源：国家统计局，2017 年 2 月。

**（三）出口交货值增速明显提高，出口结构亟待升级**

2016 年 1—12 月，医药工业规模以上企业实现出口交货值 1930.8 亿元，同比增长 7.4%，相比 2015 年的增速上升 3.8 个百分点。根据海关进出口数据，2016 年医药产品出口额为 701.2 亿美元，同比增长 1.0%，增速较上年下降 1.7 个百分点，这反映出了我们医药出口结构亟待升级、一些中低端产品产能过剩的问题亟待化解。从细分行业分析，化药原料药制造、医疗仪器设备及器械制造和生物药品制造三大子行业出口交货值遥遥领先，对医药行业出口贡献最大，尤其是生物药品制造行业，出口增速达到 26.4%，在中国制造 2025 政策引导扶持下成绩斐然。

表4-3　2016年1—12月医药行业及主要子行业出口交货值情况

| 行业名称 | 出口交货值（亿元） | 比2015年同期增长 |
|---|---|---|
| 医药行业 | 1930.8 | 7.4% |
| 化学药品原料药制造 | 648.7 | 7.4% |
| 化学药品制剂制造 | 143.9 | −7.0 |
| 中药饮片加工 | 36.8 | 12.9% |
| 中成药生产 | 64.1 | −0.5% |
| 生物药品制造 | 327.5 | 26.4% |
| 卫生材料及医药用品制造 | 193.7 | −3.0% |
| 医疗仪器设备及器械制造 | 516.1 | 5.8% |

资料来源：国家统计局，2017年2月。

## 二、效益情况

### （一）主营业务收入呈现较快增长，利润增速好于收入增速

2016年1—12月，医药工业规模以上企业实现主营业务收入28062.9亿元，同比增长9.7%，高于全国工业增速4.8个百分点，增速较上年提高0.6个百分点，依然没有实现两位数增长的规划目标，造成增速下降的主要因素是中成药行业增速慢。

2016年1—12月，除化学原料药制造和生物药品制造外，其他子行业增速均出现回升，医疗仪器设备及器械制造表现最为突出。八个子行业中，主营业务收入最多的是化学药品制剂制造，其次为中成药制造，中药饮片加工最少。增速方面，化学药品制剂制造、中药饮片加工、卫生材料及医药用品制造和医疗仪器设备及器械制造四个细分行业增速超过10%，中成药制造增速明显低于行业平均增速。

表 4 - 4    2016 年 1—12 月医药行业及主要子行业主营业务收入情况

| 行业 | 主营业务收入（亿元） | 同比 | 比重 | 2015 年增速 |
|---|---|---|---|---|
| 化学药品原料药制造 | 5034.9 | 8.4% | 17.1% | 9.8% |
| 化学药品制剂制造 | 7534.7 | 10.8% | 25.6% | 9.3% |
| 中药饮片加工 | 1956.4 | 12.7% | 6.6% | 12.5% |
| 中成药制造 | 6697.0 | 7.9% | 22.7% | 5.7% |
| 生物药品制造 | 3350.2 | 9.5% | 11.4% | 10.3% |
| 卫生材料及医药用品制造 | 2124.6 | 11.4% | 7.2% | 10.7% |
| 医疗仪器设备及器械制造 | 2765.5 | 13.2% | 9.4% | 10.3% |
| 医药行业 | 28062.9 | 9.7% | 100% | 9.1% |

资料来源：国家统计局，2017 年 2 月。

2016 年 1—12 月，医药行业规模以上企业实现利润总额 2882.1 亿元，同比增长 13.9%，高于全国工业利润增速 5.4 个百分点，较上年升高 1.7 个百分点，利润率为 10.3%，高于全国工业利润率 4.3 个百分点，同时，利润总额增速高于主营业务收入增速，说明医药行业盈利水平较高，主要贡献来自生物药品制造和化学制剂制造行业。细分行业中，化学药品制剂制造和中成药制造表现突出，中药饮片加工利润总额最小。利润增速方面，化学原料药制造和医疗仪器设备及器械制造表现最为突出，增速均超过 25%。

表 4 - 5    2016 年医药工业利润总额和利润率完成情况

| 行业 | 利润总额（亿元） | 同比 | 利润率 | 2015 年利润率 |
|---|---|---|---|---|
| 化学药品原料药制造 | 351.0 | 25.9% | 7.0% | 7.6% |
| 化学药品制剂制造 | 816.9 | 16.8% | 10.8% | 12.0% |
| 中药饮片加工 | 123.9 | 8.6% | 6.3% | 7.3% |
| 中成药制造 | 668.5 | 9.0% | 10.0% | 10.8% |
| 生物药品制造 | 386.5 | 11.3% | 11.5% | 12.2% |
| 卫生材料及医药用品制造 | 169.9 | 8.5% | 8.0% | 9.1% |
| 医疗仪器设备及器械制造 | 232.6 | 32.3% | 8.4% | 9.8% |
| 医药行业 | 2882.1 | 13.9% | 10.3% | 12.2% |

资料来源：国家统计局，2017 年 2 月。

### （二）资产负债率呈现降低态势，偿债能力有所缓解

2016 年 1—12 月，医药工业总资产增长速度快于总负债增长速度，资产负债率为 40.2%，相比 2015 年的 41.2% 呈现降低的态势，长期偿债能力有所提升。2016 年 1—12 月，医药工业资产同比增长 15.2%；同期，医药行业负债同比增长 12.0%。

表 4–6 2016 年 1—12 月医药工业资产负债情况

| 时间 | 资产同比增长 | 负债同比增长 |
|------|------|------|
| 1—2 月 | 13.9% | 9.2% |
| 1—3 月 | 13.6% | 8.9% |
| 1—4 月 | 13.9% | 9.7% |
| 1—5 月 | 13.8% | 10.2% |
| 1—6 月 | 14.3% | 10.8% |
| 1—7 月 | 13.5% | 10.1% |
| 1—8 月 | 14.5% | 10.8% |
| 1—9 月 | 14.6% | 10.5% |
| 1—10 月 | 14.3% | 10.6% |
| 1—11 月 | 14.5% | 11.6% |
| 1—12 月 | 15.2% | 12.0% |

资料来源：国家统计局，2017 年 2 月。

### （三）亏损面和亏损深度双降低，行业盈利能力提高

2016 年 1—12 月，医药行业及其子行业亏损面和亏损深度都呈现降低趋势，行业呈现良性发展势头，盈利能力提高。2016 年，医药工业企业数为 7449 家，其中亏损企业数 757 家，亏损面为 10.2%，相比 2015 年的 10.4% 有所降低。亏损企业累计亏损额为 90.7 亿元，亏损深度为 3.0%，相比 2015 年的 3.3% 也出现降低局面。从细分子行业看，除卫生材料及医药用品亏损深度相比 2015 年增加 0.2 个百分点外，其他细分行业无论亏损面还是亏损深度都呈现下降局面。亏损面方面，化学制剂行业亏损面最大，为 12.6%，高于医药制造业 2.4 个百分点，中药饮片和卫生材料及医药用品行业亏损面较小，

分别为 6.8% 和 5.9%，分别低于医药工业个 3.4 个和 4.3 个百分点。亏损深度方面，化学原料药最高，为 4.9%，亏损深度最低的为中药饮片行业，为 1.4%。

表 4-7    2016 年 1—12 月医药工业及主要子行业亏损情况

| 行业 | 亏损面 | 亏损深度 |
| --- | --- | --- |
| 医药制造业 | 10.2% | 3.0% |
| 化学原料药 | 12.4% | 4.9% |
| 化学制剂 | 12.6% | 3.2% |
| 中药饮片 | 6.8% | 1.4% |
| 中成药 | 12.2% | 1.9% |
| 生物药品 | 11.1% | 3.8% |
| 卫生材料及医药用品 | 5.9% | 1.8% |
| 医疗器械 | 9.7% | 2.7% |

资料来源：国家统计局，2017 年 2 月。

## 三、重点领域情况

### （一）化学制药行业盈利能力大幅提升

2016 年，在《中国制造 2025》等政策的引导下，生物制药和医疗设备及器械行业得到了快速发展，但是从产业规模来看，化学制药行业依然以 42.7% 的占比占据绝对优势。2016 年 1—12 月，除化学原料药制造主营业务收入增速放缓之外，化学制剂收入与利润和化学原料药利润增速都出现明显提高，行业盈利能力进一步加强。从主营业务收入看，2016 年 1—12 月化学药品原料药制造业实现主营业务收入 5034.9 亿元，同比增长 8.4%，增速较 2015 年同期下滑 1.4 个百分点；化学药品制剂制造业实现主营业务收入 7534.7 亿元，同比增长 10.8%，增速较 2015 年同期上升 1.5 个百分点。从行业利润看，2016 年 1—12 月化学药品原药制造业实现利润总额 445.3 亿元，同比增长 25.9%，增速较 2015 年同期上升 10.6 个百分点；化学药品制剂制造业实现利润总额 950.5 亿元，同比增长 16.8%，增速较 2015 年同期上升 5.6 个百分点。

**（二）中成药制造业收入、利润表现均不乐观**

2016 年 1—12 月，中成药制造业在主营业务收入方面相比其他细分行业表现平平，成为全部细分行业中增速最慢的子行业，利润方面，相比 2015 年，增速也出现明显回落。2016 年 1—12 月，医药行业主营业务收入增速为 9.7%，中成药制造增速仅为 7.9%，成为影响全行业增速的重点子行业。利润方面，2016 年 1—12 月，中成药制造业利润增速为 9.0%，相比 2015 年的 11.4% 下降 2.4 个百分点。但随着 2016 年 2 月发布的《中医药发展战略规划纲要（2016—2030 年)》的后续影响，未来几年预计中成药制造业会改变当下发展局面。

**（三）生物药品制造业回归平稳发展**

2015 年，受益于《中国制造 2025》政策影响及国家对于战略性新兴产业和高新技术行业的支持，生物药品制造业利润增速继续保持回升态势。进入 2016 年，生物药品制造业收入和利润增速相比 2015 年都有所降低，回归平稳发展。出口方面，受益于需求积压和国外市场回暖等的影响，出口交货值出现大幅增加。2016 年 1—12 月，主营业务收入方面，生物药品制造业增速为 9.5%，相比 2015 年的 10.3% 略有下降。2016 年 1—12 月，利润方面，生物药品制造业增速为 11.3%，相比 2015 年的 15.8% 下降 4.5 个百分点。2016 年 1—12 月，出口方面，生物药品制造业出口交货值增速为 26.4%，远远高于全行业 7.4% 的增速。

**（四）医疗器械行业持续快速增长**

2015 年以来，受国家政策和市场需求推动，医疗器械行业产业规模持续快速增长。2016 年，医疗器械行业相比 2015 年表现更为突出，主营业务收入和利润总额增速相比其他子行业都遥遥领先，增速相比 2015 年也都出现明显上涨。2016 年，主营业务收入方面，医疗器械行业增速达到 13.2%，比医药行业整体增速高出 3.5 个百分点，与 2015 年相比，增速高出 2.9 个百分点。利润方面，医疗器械行业增速高达 32.3%，遥遥领先其他细分行业，比医药行业整体增速高出 18.4 个百分点，与 2015 年相比，增速高出 27 个百分点。

# 第二节　存在问题

## 一、公立医疗机构购药需求放缓

近年来，终端用药约束性政策不断强化，直接影响了药品销售的最大市场——公立医疗机构的购药需求。归纳起来，对行业影响大的政策包括医保付费总额控制、降低药占比、提高基本药物使用比率、限制抗菌药物和辅助用药使用等用药政策，以及各种形式的限价、竞价和二次议价。这些政策的出台，一是会影响需求结构，导致高价药较难使用医保支付，降低医疗机构对高价药的购买力度；二是抑制企业创新活力，随着医药控费等新政的实施，创新药进入医保目录的难度将进一步加大，预计降低药品价格将是众多创新药生产企业普遍采取的应对措施；三是加剧药品市场竞争，由于医药控费新政限制了药品的报销占比，在集中采购和二次议价的压力下，多数药企的应对措施就是降价求市场，导致市场竞争进一步加剧。

## 二、企业的成本压力增大

2016 年来，随着监管力度与准入门槛的进一步提高，企业整改压力增大，成本逐年提高。一是仿制药质量和疗效一致性评价全面推进使得 90% 以上的医药工业企业受到冲击，中小医药工业企业本身实力较弱，难以承受高昂的评价成本，对于大企业而言，由于涉及的品种有几十个甚至几百个，评价成本同样难以承受。二是节能、环保、安全生产等标准的提高和强制性清洁生产审核的日趋严格，企业面临的环境成本同样不可忽视。三是药品医疗器械审评审批制度改革深入实施，研发、生产和销售各个环节质量监管加强，短期内生产企业面临时间紧、任务重、投入大、资源不足的困难。四是原料药、中间体、中药材短缺导致的价格上升以及人口红利的消失也间接增加了产业链下游企业的生产成本。

### 三、药品供应波动或将加剧

受政策和市场失灵的影响，药品供给波动或将进一步加剧。首先，全面推进的仿制药一致性评价将对部分临床必需、不可替代的药品和低价药供给产生重要影响。受制于药品本身的盈利空间、企业实力、评价成本等多重因素的影响，部分企业可能会主动放弃部分品种质量和疗效的一致性评价进而停产，市场断供风险不可忽视。其次，日益高涨的环保压力、国家治理环境污染力度的持续加大和排放标准的不断提高，可能会导致部分化学药尤其是原料药生产企业因排放不达标而限（停）产，部分药品的生产和市场供应问题将会出现，市场短缺或将难免。最后，药品招标采购、降低药占比、医保控费等举措将会进一步挤压部分处方药尤其存在市场失灵的儿童药、罕见病用药的利润空间和市场空间，导致部分药品生产无利可图而停产，市场短缺或将加剧。

### 四、国产医疗器械应用困局难破

近年来，虽然国产医疗设备和耗材质量持续改进，部分耗材已经接近或超过发达国家水平，国家也出台了首台套保险补偿试点、控制医疗机构检查费用不合理上涨等政策来鼓励国产医疗器械尤其是大型医疗设备的应用，但受制于政策、观念等原因，国产医疗器械在我国市场受到冷落，"进口替代"收效甚微。首先，进口医疗器械数量特别是高性能医疗设备在医院评级过程中被当作重要的参考指标。在新医改持续推进的大背景下，医院竞争压力加大，为了生存，医院"晋级"欲望会更加强烈。受此影响，公立医院采购进口医疗设备的倾向会进一步强化，国产医疗设备被冷落的局面难言根本性改变。其次，多数医院为减小设备使用过程中产生的医疗风险，盲目崇拜进口设备，而不注重相关技术质量指标。最后，医疗器械采购环节存在较多不合规行为。部分单位采购过程中经常以参数和指标等要求作为采购设备的要件，导致国产医疗设备难以入围。

# 第五章　食品工业

2016年食品工业在工业增加值提升，产业结构优化，产业转移推进以及两化融合等方面取得了一系列成绩。尤其是在重点子行业取得了较为突出的增长，其中肉类加工业生产稳步增长，乳品制造增长势头强劲。但与此同时也存在不少问题，主要有技术水平相对落后，研发创新能力亟待加强；发展方式较为粗放，节能减排任务艰巨繁重；上下游衔接不畅，产业链建设仍需加强。

## 第一节　发展概况

### 一、运行情况

#### （一）产业结构有所优化

2016年，国内食品工业的产业链得到进一步的完善和延伸，产业结构得到一定程度的优化。三大子行业主营业务收入占全部食品工业收入的比重分别达到62.63%、21.35%和16.02%。其中，农副食品加工业较上年提高了0.5个百分点，发展优势仍然明显，主营业务收入占比超过10%的细分行业有四个，分别为谷物磨制、饲料加工、植物油加工和屠宰及肉类加工。食品制造业以及酒、饮料和精制茶制造业的销售利润率普遍上升，其中糖果、巧克力及蜜饯制造、方便食品制造、调味品、发酵制品制造、保健食品制造、酒的制造、饮料制造、精制茶加工制造等行业盈利能力保持相对较高水平。

#### （二）工业增加值增速稳中有升

2016年，全球经济维持低速增长，我国经济在新常态下运行总体平稳，经济指标继续运行在合理区间。在此背景下，食品工业增加值增速稳中有升。2016年1—12月，我国食品工业增加值累计增速为7.1%，较1—2月上涨了0.3个百分点。产业政策环境继续利好，包括食品工业诚信管理体系建设、婴幼儿配方乳粉的进一步推进以及食品安全可追溯体系试点工作的扩大。

表5-1  2016年1—12月食品工业业增加值增速

| 行业名称 | 1—2月 | 1—3月 | 1—4月 | 1—5月 | 1—6月 | 1—7月 | 1—8月 | 1—9月 | 1—10月 | 1—11月 | 1—12月 |
|---|---|---|---|---|---|---|---|---|---|---|---|
| 食品工业 | 6.8% | 6.8% | 6.5% | 6.7% | 6.8% | 6.8% | 6.8% | 7.1% | 7.0% | 6.9% | 7.1% |

资料来源：国家统计局。

### （三）产业转移快速推进

2016年，随着资源、环境约束的加剧和劳动力成本的快速上涨，以及国家产业布局政策的大力引导，我国食品产业正在从传统优势地区的东部沿海向资源较为集中的中西部地区转移。产业转移的快速发展提高了中西部地区在我国食品产业版图中的地位。2016年东部地区食品工业总收入占全国食品工业总收入的比例由56.7%降至54.2%，中部地区和西部地区食品工业总收入占比则分别由2015年的25.9%、17.4%提高至28.2%、17.6%。未来，食品工业向原料产地转移是大势所趋，而中西部地区良好的农业、畜牧业基础将为其承接产业转移带来更多机遇。

### （四）两化融合步伐加快

信息技术的快速应用，使得食品工业转型升级的速度不断加快，工业化和信息化融合不断推进，新常态下的新业态、新模式快速发展。一是电子商务发展势头强劲。随着网购市场的扩大，以中粮集团为代表的大型食品工业企业积极拓展电子商务领域的线上市场，或自建网站，或与大型电商平台合作，相继进入电子商务领域。二是生产经营模式加快转型。大型食品工业企业的研发、生产及营销等环节已开始尝试进行互联融合，实现生产经营模式的创新。部分食品企业利用电商、微商等移动互联网平台实现经销商订单运营模式以及社区店O2O直营模式的创新。

## 二、效益情况

### (一) 主营业务收入增速高于利润总额增速，盈利能力仍显不足

2016 年 1—12 月，全国食品工业实现主营业务收入 99312.2 亿元，同比增长 6.7%。同期，行业利润总额为 6287.4 亿元，同比增长 8.6%，高于主营业务收入增速 1.9 个百分点。就子行业来看，食品制造业主营业务收入和利润总额增速均为最快，分别达到 7.9% 和 11.7%。主营业务收入增速最慢的是农副食品加工业，利润总额增速最慢的是酒、饮料和精制茶制造业。

表 5 - 2　2016 年 1—12 月食品工业及主要子行业主营业务收入和利润总额增长情况

| | 利润总额（亿元） | 利润总额增长率（%） | 主营业务收入（亿元） | 主营业务收入增长率（%） |
| --- | --- | --- | --- | --- |
| 食品工业 | 6287.4 | 8.6 | 99312.2 | 6.7 |
| ——农副食品加工业 | 2918.8 | 6.3 | 61599.9 | 5.6 |
| ——食品制造业 | 1781.2 | 11.7 | 21204.9 | 7.9 |
| ——酒、饮料和精制茶制造业 | 1587.4 | 5.4 | 16507.4 | 5.9 |

资料来源：国家统计局。

### (二) 亏损情况加剧

2016 年 1—12 月，食品工业业累计企业总数为 41349 个，其中累计亏损企业达到了 3773 家，亏损面为 9.12%。就各子行业看，2016 年 1—12 月，食品制造业亏损面最大，达到了 9.71%，农副食品加工业亏损面相对较小，为 8.90%。亏损的主要原因在于两个方面：一是原料成本与物流成本上涨；二是输入性因素的影响。

表 5 - 3　2016 年 1—12 月食品工业及主要子行业亏损企业亏损情况比较

| | 企业总数（家） | 亏损企业数（家） | 亏损面（%） |
| --- | --- | --- | --- |
| 食品工业 | 41349 | 3773 | 9.12 |
| ——农副食品加工业 | 25770 | 2293 | 8.90 |
| ——食品制造业 | 8820 | 856 | 9.71 |
| ——酒、饮料和精制茶制造业 | 6759 | 624 | 9.23 |

资料来源：国家统计局。

## 三、重点领域或重点产品情况

### （一）各子行业发展呈分化之势

受不同因素的影响，食品制造业的各个子行业的发展呈现分化之势。其中，肉类加工业、乳品制造和方便食品制造的发展势头将更为强劲。如在肉类加工业方面，近年来国家政策主要集中在促进生产发展、提倡合理消费、保证质量安全和调整产业结构方面，促使肉类食品供给基本适应城乡市场的消费需求。在乳品制造业方面，自 2010 年以来，国家不断加大对乳品行业的调控力度，国务院办公厅、工信部、国家发改委等相继发布了一系列密集的行业政策，旨在清理整顿淘汰一批落后企业，提高行业准入门槛。同时，随着国家对食品安全监管力度的加大，消费者对国产乳品的信任危机有所改善。这两个方面的共同作用，将会促进乳品行业的健康发展。

### （二）肉类加工业生产稳步增长

近年来，肉类加工业在国家宏观政策的规范调控下，实现稳步增长。2016 年，肉类产品结构进一步适应消费需求的变化，市场供应充裕，肉价比较稳定。与此同时，国家加强了食品安全监督抽检，肉及肉制品合格率稳步提升。截至 2016 年底，全国屠宰及肉类加工行业稳定发展，规模以上企业达到 3942 家，比上年增加 86 家。按照国家有关标准规定，屠宰及肉类加工业共分为三个重点行业：一是牲畜屠宰业。2016 年全国有规模以上牲畜屠宰企业 1358 家，比上年增加了 8 家。二是禽类屠宰业。2016 年全国规模以上企业有 851 家，比上年增加了 6 家，变化不大。三是肉制品及副产品加工业。2016 年全国规模以上企业有 1696 家，比上年增加了 30 家，在三个重点行业中增幅最大。

### （三）乳品制造发展势头强劲

2010 年，国务院办公厅发布了《关于进一步加强乳品质量安全工作的通知》，工信部、国家发展改革委发布了《乳制品工业产业政策（2009 年修订）》，国家质检总局发布了 2010 年版《企业生产婴幼儿配方乳粉许可条件审查细则》和《企业生产乳制品许可条件审查细则》。2013 年 5 月 31 日，国务院总理李克强主持召开国务院常务会议，在我国婴幼儿配方乳粉行业面貌发生较大改变情况下，研究部署进一步加强婴幼儿配方乳粉质量安全工作。2014年6月13日，国务院办公厅转发了由工业和信息化部、国家发展改革委、财政部和食品药品监管总局联合制定的《推动婴幼儿配方乳粉企业兼并重组工作方案》（以下简称《工作方案》）。如此密集的行业政策意在清理整顿淘汰一批落后企业，提高行业准入门槛。可以预计，国家对乳品行业的调控力度还将加大，重复建设严重的局面将会得到改善。另外，随着国家对食品安全监管力度的加大，消费者对国产乳品的信任危机有所改善。这两个方面的共同作用，将会促进乳品行业的健康发展。

# 第二节 存在问题

## 一、技术水平相对落后，研发创新能力亟待加强

同发达国家的食品工业相比较，我国食品工业的整体技术水平和装备水平实力薄弱，研发创新能力不强。一是食品工业企业规模普通较小，研发实力不强，专门用于研发的资金投入又十分有限，创新投入严重偏低；二是研发成果水平较低，加工技术储备不足，现有食品领域研发成果多数处在初级产品阶段，针对精、深加工产品及资源综合利用的研究成果很少；三是关键技术和装备对外依存度过高，自主研发的高端设备较少，关键技术难以取得突破，高精尖的技术和装备基本依靠进口，受制于人；四是自主创新能力较弱，新产品开发和产品升级换代步伐较慢，企业内部缺乏科学合理的研发创新机制，研发产品动机往往不是基于市场需求调查而存在模仿和跟风心理，导致新产品"成活率"不高。

## 二、发展方式较为粗放，节能减排任务艰巨繁重

由于食品工业的企业仍是以小微企业为主，"小、散、低"的情况没有得到明显改观，以数量扩张为主的粗放型发展方式也并未得到彻底改变。这些

小微企业多处于成长初期，生产的多是低附加值的初级产品，资源加工转化的效率不高，再加上技术装备条件较差，产生带来的污染较为严重。食品工业对环境的影响主要来自油脂加工、畜产加工、水产品加工、果蔬加工、食品发酵、食品包装等行业对能源的消耗以及产生的废水、废气、废物和噪声等污染，食品工业生产过程的环境负荷具体体现在单位能耗和耗水量大、废水排放量大、固体废弃物综合利用程度低、产品收得率低等，节能减排任务仍然较重。同时，由于经营利润较低，企业没有多余的资金用于开展节能减排，再加上治理污染意识和能力不强，对环境的污染和破坏进入恶性循环。

### 三、上游下游衔接不畅，产业链建设仍需加强

食品工业的综合实力由其产业链上各个环节的综合竞争力体现，具体讲包括食品工业自身的企业实力，以及上游负责原料供给的农业、负责生产装备的制造业以及下游的包装、物流、销售等关联产业的整体表现。从经济形势看，由于当前我国经济进入中高增速阶段，预期宏观经济仍有下行压力，食品工业上下游关联产业受此影响增速同步放缓，对食品工业的增长带来直接影响。从整体上看，当前食品工业与上下游产业的关联和衔接还不紧密，上游端的农业产业化程度还较低，经营单位生产规模小、布局分散，提供的农产品原料的质量、产量往往不能满足食品工业对原料的产业化和标准化需求，原料供应往往成为制约工业发展的瓶颈，例如，我国小麦种植面积和产量均为世界第一，但有加工价值的优质专用小麦品种则严重短缺。与生产紧密关联的装备制造业在很多高精尖技术装备领域还属于空白，食品工业环节只能停留在低附加值产品生产阶段或不得不高价进口国外装备。下游端的物流、销售行业往往和生产环节相脱节，供需不匹配以及物流损耗带来的影响延滞了整个产业链的提质发展。

区　域　篇

# 第六章 东部地区

本章以河北省和江苏省两个典型东部省份为例，分析总结两省消费品工业经济运行情况和发展经验，并针对存在问题给出对策建议。2016 年，河北省积极开展消费品工业"三品"专项行动，精准施策规范行业管理，强化创新驱动提升技术创新能力，推进消费品工业转型升级。全省消费品工业运行实现稳中有增，结构不断优化，效益稳步改善。但也存在产业结构不合理，创新能力较弱，品质品牌竞争较弱等问题。未来将通过继续实施"三品"战略，加强行业管理，加大创新投入，推进结构调整等措施积极应对。江苏省在开展全省消费品工业"三品"专项行动的同时，突出政策引领作用加强行业精准指导，积极搭建公共服务平台，推进行业协调发展。但也存在产业集约化发展水平不高，产业结构需进一步优化，自主创新能力有待提升等诸多问题。未来将通过实施"三品"专项行动，推进产业振兴计划，加强行业精准指导等政策措施推动全省消费品工业进一步发展。

## 第一节 典型地区：河北省

### 一、运行情况

#### （一）消费品工业运行稳中有增

2016 年，全行业规模以上企业 4323 家，完成工业增加值 2442.9 亿元，同比增长 4.9%，高于全省 0.1 个百分点，占全省规模以上工业增加值的比重为 20.9%。其中，食品、纺织、轻工、医药分别完成 907.6 亿元、900.0 亿元、405.8 亿元和 229.3 亿元，同比分别增长 3.2%、6.3%、5.2% 和 5.4%。

完成主营业务收入 10554.5 亿元，同比增长 4.3%，低于全省增速 0.3 个百分点。其中，食品、纺织、轻工、医药分别完成 3995.4 亿元、3849.1 亿元、1765.5 亿元和 942.5 亿元，同比分别增长 4.3%、4.3%、4.2% 和 4.3%。

**（二）结构不断优化、效益稳步改善**

生物药品、医疗仪器设备及器械、婴幼儿配方乳粉、方便面、箱包、皮革鞋靴等高附加值产品产量增长迅速，铅酸蓄电池、纸浆、化学纤维用浆粕等原料类初级产品产量大幅下降。2016 年，消费品工业完成利润总额 721.5 亿元，同比增长 2.3%。其中，食品工业完成 240.3 亿元，同比增长 1.1%；纺织工业完成 276.1 亿元，同比增长 1.0%；医药工业完成 84.1 亿元，同比增长 15.0%；轻工业完成 121.0 亿元，同比增长 0.2%。

## 二、发展经验

### （一）积极开展 2016 年消费品工业"三品"专项行动

一是起草了《关于开展消费品工业"三品"专项行动营造良好市场环境的实施意见》，经河北省政府常务会审议通过后以省政府办公厅名义印发（冀政办发〔2016〕22 号）。二是组织召开了全省消费品工业供给侧结构性改革暨开展"三品"专项行动工作会议，解读有关政策，交流先进工作经验，安排部署下一步工作。来自企业、各市工信局和有关协会的代表 150 多人参加了会议。三是开展了消费品工业"三品"战略示范试点城市创建，经认真工作、努力争取，石家庄市成为首批 6 家国家消费品工业"三品"战略示范试点城市之一。四是加强质量品牌建设，石家庄君乐宝乳业有限公司"实施质量管理 5.0 模式的经验"等 6 家消费品工业企业的典型经验入选河北省 2016 年质量标杆；际华三五零二、药都制药、五合窖酒业等 29 家工业企业为省级品牌培育试点企业，际华三五零二和际华三五一四列入 2016 年中国纺织服装品牌价值评价自主创新品牌排行榜。组织衡水老白干、十里香酒业等 5 家白酒骨干企业的负责同志到湖北黄石市劲牌集团围绕品牌营销策略和智能化改造进行了考察学习，向省委、省政府提交了考察报告。五是围绕落实"三品"战略，指导有关行业协会开展了京作古典家具、曲阳石雕、唐山美术陶瓷、曲阳定瓷、衡水内画、邯郸峰峰磁州窑系列技艺技能大赛和优秀作品展评，举办了 2016 年"金指数"杯河北省服装创意设计大赛、河北家具"三品对标"广东行，组织企业参加东南亚及欧洲系列家具展销等 30 多场系列活动。

**（二）精准施策，规范行业管理**

一是编制印发了《河北省消费品工业发展"十三五"规划》，这是河北省政府确定的重点专项规划之一。二是制定《加快我省生物医药产业发展的若干政策措施》（冀工信消费〔2016〕322 号）和《河北省创新及优势药品器械遴选办法（试行）》，参与制定《省政府办公厅关于促进我省医药产业健康发展的实施意见》（冀政办字〔2016〕101 号），为河北省医药产业加快发展提供政策支持。指导省轻工行业协会制定发布《河北省轻工业"十三五"发展指导意见》，提出十四个轻工主要行业的发展重点、主要任务和措施。三是加强行业准入（备案）管理。办理乳制品、葡萄酒、浓缩果蔬汁（浆）产业政策确认书、批复 46 件，印染、葡萄酒备案 13 件。四是持续推进食品工业企业诚信体系建设。截至目前，38 家企业通过诚信体系评价并获得了证书，42 家企业开展了诚信体系建设及培训，近期将组织评价，累计培训企业 874 家次，葡萄酒和乳制品试点企业均完成了评价。五是做好省级医药储备管理工作。圆满完成"7·19"暴雨灾区急需药品保障工作，向灾区调拨近 500 万元医疗卫生防疫物资。先后 6 次处置河北省肉毒素中毒事件，及时调拨肉毒抗毒素用于 10 名中毒患者救治工作。六是做好食品药品安全相关工作。会同省食药监局制定《2016 年河北省食品药品安全工作考核评价方案》《河北省食品安全突发事件应急预案》，举办食品安全宣传周。

**（三）强化创新驱动，提升技术创新能力**

一是积极推进创新技术示范企业建设。晨光生物、神威医药通过国家技术创新示范企业复核，河北智同医药、澳诺（中国）制药、康泰医学系统、玉星生物、臧诺生物、际华三五一四、那瑞化学等 7 家消费品企业列入 2016 年省级技术创新示范企业公示名单。二是推进企业研发机构建设。创建了石家庄四药化学药品注射剂质量控制、精晶药业氨基酸衍生物生物催化技术等 4 家国家地方联合工程实验室，新增 15 家省级工程技术中心、省级企业技术中心。三是加强公共服务平台建设。河北盛祖唐文化传播有限公司（接力棒创客空间）、曲阳汉风雕刻文化有限公司（曲阳雕塑文化产业创意服务平台）、河北省品牌建设研究院等 5 家被认定为中小企业公共服务平台，河北皮革研究院、河北博海生物工程开发有限公司等 28 家被认定为中小企业公共技术平台。四是关键技术取得突破。神威药业益气活血法治疗糖尿病肾病显性尿蛋白的临床与基础研究、中粮华夏中国葡萄酒产业链关键技术创新及应用、兴柏生物阿维菌素的微生物高效合成及其生物制品制造等 3 个技术创新项目获得国家科技进步二等奖。

**（四）狠抓项目建设，推进消费品工业转型升级**

一是大力推进企业技术改造。2016 年，消费品行业完成工业投资 3760.0 亿元，同比增长 9.0%，高于全省工业投资增速 2.1 个百分点。其中，食品工业、纺织工业、医药工业、轻工业分别完成 1210.6 亿元、1009.2 亿元、461.9 亿元和 1078.3 亿元，同比分别增长 6.6%、8.7%、9.1% 和 16.6%。完成技改投资 2410.7 亿元，同比增长 9.6%，占工业投资 64.1%，高于全省技改投资 3.3 个百分点。食品工业、纺织工业、医药工业、轻工业分别完成 774.8 亿元、698.2 亿元、309.8 亿元和 627.9 亿元，同比分别增长 12.4%、7.8%、15.4% 和 4.8%。287 个消费品工业项目列入 2016 年河北省千项技改项目，总投资 640.4 亿元。总投资 50 亿元的国内单体规模最大的高性能碳纤维项目、总投资 18 亿元的河北三元工业园项目、总投资 6.8 亿元的君乐宝君源婴幼儿奶粉项目、总投资 120 亿元的北大未名集团通天河生物经济示范区项目、总投资 100 亿元的京津自行车生产基地项目、总投资 20 亿元的光明现代农场项目（临西）、总投资 100 亿元的北京二商河北产业园项目等一批重大项目投产、开工或签约。二是推进消费品工业智能制造。石药集团智能制造新模式及智能工厂改造项目获得工信部 2016 年智能制造综合标准化与新模式应用项目资金支持。开展"互联网＋"制造业试点示范项目建设，际华三五零二职业装有限公司—定制服装电子商务系统的开发与建设、石药集团有限责任公司—制剂生产执行管理系统（MES）项目等 4 个项目列入河北省"互联网＋"制造业试点项目，神威药业集团有限公司—神威医药 O2O 电商项目、石家庄君乐宝乳业有限公司—基于"互联网＋"的乳制品产业链 B2B 平台建设项目等 5 个项目列入 2016 年河北省"互联网＋"制造业重点跟踪项目。三是加强中药生产扶持项目管理。积极争取工信部消费品工业司在河北省召开工信部中药材提升和保障项目管理培训会。争取工信部工业转型升级资金支持，河北省京津冀惠民中药材基地建设工程项目、大宗道地药材金银花 GAP 共建共享基地项目 2 个中药材提升和保障项目获得工信部 2600 万元资金支持，争取资金数量占全国的 10.6%，居全国前列。四是配合省农业厅等有关部门，成功组织第二届奶业 D20 峰会，工信部、国家农业部、食药监总局、质检总局与河北省联合签署了《奶业振兴示范省合作协议》，推动河北省奶业加快发展。

（五）推进京津冀产业有序转移

一是落实河北省工信厅与北京市经信委签署的合作协议，主动服务、积极协调，争取国家食药监局批复同意对沧州渤海新区生物医药产业园转移来的北京医药企业实行异地监管，产业园项目建设进一步加快。截至目前，已有 66 家生物医药企业签约入驻，项目总投资超 110 亿元，20 家开工建设，其中，北京朗依、北京北陆、春风药业等 3 家企业建成试生产。同时，协调推进北京食品保健品企业转移至唐山滦南县，并积极争取异地监管。二是积极联系协调北京方面，就肃宁县拟建千亩印刷产业园承接北京印刷产业、辛集市皮革产业和肃宁毛皮产业拟建大型专业化市场承接北京雅宝路市场转移等事项进行会谈沟通，并达成初步意向。三是联合邯郸市政府举办第二届京冀（邯郸）食品对接会，邀请燕京啤酒、六必居食品等 47 家北京重点食品企业参会，与 6 家企业达成合作意向。四是指导北戴河生命健康产业创新示范区总体规划的编制，北戴河生命健康产业创新示范区获国家批复同意，北京豪思、北京三有利、北大未名、天津执信 12 个京津重点项目签约入驻。

（六）强化企业帮扶，营造良好营商环境

一是搭建园企对接平台。会同河北省农业厅、河北省中医药局、河北省食药监局等部门联合举办河北省首届中药材产业发展大会，现场签约交易中药材 9.5 万吨，订单收购额 18.8 亿元。二是协调推进上药集团落户河北。落实河北省工信厅与上海医药集团签署的战略合作框架协议，推进上海医药在河北省的全产业链布局。向省政府呈报《关于支持上海医药集团股份有限公司在我省发展有关事项的请示》，协调解决了上药科园信海河北分公司获得药品经营许可证。三是向卫生计生委出具《关于请支持我省重点医药企业优势品种加快培育壮大的函》，筛选出一批市场前景好、销量大、质量水平高的品种，请卫生计生委在组织全省药品招标采购工作中，对河北省产品予以政策支持。四是推荐石药集团"硼替佐米及注射用硼替佐米""注射用紫杉醇（白蛋白结合型）"纳入国家药品优先审评审批通道。

## 三、存在问题

### （一）产业结构不合理

整体结构仍以传统产业为主，面向改善性需求、体现现代消费品工业发展方向的新兴产业发展缓慢。食品行业，生产集中于初加工环节，精深加工水平较低，产业链条短。纺织行业，传统的棉毛纺与印染占主导，产业用纺织品、服装、家纺等终端产品发展滞后。轻工行业，传统产业总量占比仍在85%以上，制革、造纸、铅蓄电池等环境敏感型产业比重明显偏高，新型智能家电、高端环保及定制化家具等引领消费趋势的产业发展缓慢。医药行业，化学原料药主营业务收入占比依然偏高，附加值相对较高的生物制药、医疗器械制造发展水平明显偏低。

### （二）创新能力较弱

创新驱动的发展模式尚处于探索阶段，多数企业创新意识不强，研发投入明显不足，缺乏对新技术、新工艺、新装备的驾驭能力、新业态的运用能力和创新风险的应对能力。规模以上消费品工业企业研发投入强度仅为0.33%，比全省工业平均水平低0.22个百分点，比全国平均水平低0.17个百分点。四大行业中，除医药外，其他三个行业的研发投入强度均低于全国平均水平。轻工行业规模以上企业中仅1.9%建立了省级及以上企业技术中心，工程技术中心、工程实验室等创新平台尚为空白，食品行业1275家规模以上企业中仅有43家省级及以上企业技术中心。

### （三）品质品牌竞争力较弱

消费品工业整体上处于价值链低端，产品质量不高，品牌影响力低。食品行业，小、散、乱现象突出，通过国内外权威认证的企业少，产品质量参差不齐，同质化竞争突出，各领域全国知名品牌普遍缺乏，与山东、河南等食品工业大省差距显著。纺织行业，大量中小微企业以代加工和贴牌为主，产品档次、附加值、技术含量和自主品牌比重较低，与行业规模的全国地位不匹配。轻工行业，资源型、劳动密集型产业占主导，品牌小、多、杂、乱，产品质量普遍不高，缺乏具有明显竞争优势的名品和品牌。

## 四、对策建议

全面贯彻落实河北省委、省政府的各项决策部署，牢固树立创新、协调、绿色、开放、共享的发展理念，贯彻落实京津冀产业协同发展战略，以供给侧结构性改革为主线，以市场为导向，以创新为动力，以园区和项目建设为载体，强化"六个主动"意识，以实施消费品工业"六名"战略为抓手，着力推进消费品工业增品种、提品质、创品牌"三品"专项行动，大力实施创新驱动发展，积极承接京津产业转移，优化和完善园区布局，营造优良的营商环境，不断增强消费拉动经济的基础作用，促进河北省消费品工业健康快速发展，为消费品工业迈向中高端打下坚实的基础。

### （一）实施"三品"战略

一是推进石家庄国家消费品工业"三品"战略示范试点城市建设，开展省级消费品工业"三品"战略示范试点城市创建工作。二是以服装、家纺、箱包、自行车等行业为重点，开展示范性时尚创意设计名城和产业园区建设。三是开展消费品对标行动，一企一策、一业一策，组织指导企业对标国际国内先进管理模式和质量标准，打造一批国内外市场占有率高、消费者满意度高、拥有自主知识产权的产品品牌。四是在消费品领域，重点围绕行业重点优势企业，培育一批生产技术和工艺国际领先，产品质量精良，持续创新能力强，拥有核心自主知识产权，关键性能指标处于国际同类产品领先水平的"单项冠军企业"。五是加快新产品新技术开发工作。鼓励企业围绕消费者需求，应用新技术、开发新产品。每年发布一批个性化、时尚化、功能化、绿色化消费品，开发一批填补国际国内空白的新产品新技术。支持生物技术、中药、高端医疗器械等领域生产企业开展技术标准创新活动，以标准化为手段推动科技成果转化。开展河北省创新及优势药品器械遴选。六是开展质量检验检测和认证水平提升行动。加强质量安全检测能力建设，推动一批高水平的覆盖食品、纺织、轻工等主要行业的第三方检验检测机构建设，提高检验检测技术水平。

### （二）继续加强行业管理

一是落实国家产业政策，依法依规做好乳制品、葡萄酒、浓缩果蔬汁等行业准入管理相关工作，做好印染、粘胶纤维、铅蓄电池准入公告管理工作，做好有关行业技改项目备案工作。二是加强省级医药储备管理，进一步完善医药储备管理制度，完善药品储备资金安排方式、药品储备模式，调整药品储备计划，保障药品应急供应。三是推进食品工业企业诚信体系建设。继续加强对诚信体系建设工作的宣传和培训，对全部规模以上食品企业进行诚信体系培训，加快诚信体系认证工作。四是做好食品药品安全相关工作。组织好"食品安全宣传周""诚信兴商宣传月"等各类活动。配合省食药监局开展食品安全城市创建、食品药品安全工作考核等相关工作。

### （三）以创新驱动行业发展

一是开展规模以上工业企业研发机构达标行动。支持消费品工业企业研发中心建设，重点支持省级以上技术创新示范企业、企业技术中心、工程（技术）研究中心、工程实验室等建设，加速创新成果产业化。开展技术创新示范企业认定工作，培育2家国家级技术创新示范企业，5家省级技术创新示范企业，消费品工业企业研发机构达标率达到20%。二是开展制造业创新中心建设。争取在在生物医药（石家庄）、食品行业打造1—2个省级制造业创新中心。三是依托食品、轻工、医药、纺织等特色产业集群，建设30个可靠性实验验证、计量检测、产业信息、技术标准、知识产权等产业技术基础公共服务平台。

### （四）深入推进结构调整

一是围绕轻工、纺织、化学原料药高端化、链条化、智能化、绿色化发展方向，以改工艺、改装备、改产品和改管理为重点，推进消费品行业企业实施更高层次技术改造。二是在消费品工业领域推广数字化、网络化、智能化技术，提升企业关键工序数控化率，提升行业智能化、绿色化发展水平。培育50家智能工厂（数字化车间），争取一批企业列入工信部智能制造试点示范企业。三是加大项目谋划力度，收集整理一批技术改造项目，做好项目储备。加大项目跑办力度，严格项目管理，主动争取国家资金支持。四是加快高耗能高污染行业结构调整。鼓励造纸、制革等行业采用清洁生产、循环生产等先进技术进行升级改造。五是加强中药材生产扶持项目管理，主动争取国家中药材提升和保障项目资金支持。鼓励中药生产企业建设标准化、规模化、产业化中药材生产基地，保障中药材原料的稳定供应。

**（五）推进京津冀消费品产业协同发展**

一是继续推进北京·沧州渤海新区生物医药产业园和安国中药都建设，争取一批项目实现竣工投产。二是举办生命健康产业系列对接活动。以石家庄国家生物产业基地、安国中药都和北戴河国家生命健康产业创新示范区等为重点，加大与国家部委、国家级相关协会的对接沟通力度，积极争取承办全国性会议，同时面向京津及国内重点企业，大力推介河北省重点生物医药产业园区。三是会同河北省新闻出版广电局，共同推进肃宁印刷产业园建设和承接北京产业转移工作，协助做好"京津冀协同发展印刷产业对接会"相关工作。与北京市经信委、北京印刷协会、朝阳区商务委和北京雅宝路国际贸易商会等相关单位保持密切沟通，加强跑办，持续协调推进。四是积极协调推进食品药品异地监管政策在唐山滦南县落地，争取北京保健品企业落户河北省。五是落实河北省工信厅与上药集团签署的战略合作框架协议，积极推进上药集团与华药集团的战略合作。

# 第二节　典型地区：江苏省

江苏消费品工业积极适应经济发展新常态，围绕创新、协调、绿色、开放、共享的发展理念，认真落实省第十三次党代会"两聚一高"工作部署，大力推进全省消费品工业开展增品种、提品质、创品牌的"三品"专项行动，全省消费品工业运行总体平稳，转型升级步伐不断加快。

## 一、运行情况

截至 2016 年底，江苏省消费品工业共有规模以上企业 19616 家，占全省工业比重41.3%。2016年全省消费品工业实现总产值45697亿元，占全省工业比重28.3%，同比增长8.4%，高于全省工业1.4个百分点；完成出口交货值4983.6亿元，占全省工业比重22.1%，同比增长1%，高于全省工业0.2个百分点；实现利润总额3180.2亿元，占全省工业比重30.2%，同比增长10.8%，高于全省工业0.8个百分点。

**（一）纺织行业**

纺织行业规模以上企业7727家，2016年实现产值14954.5亿元，同比增长5.3%；完成出口交货值1885.1亿元，同比增长2.7%；实现利润总额819.4亿元，同比增长6.5%。

**（二）轻工行业**

轻工行业规模以上企业11193家，2016年实现产值26750亿元，同比增长10.1%；完成出口交货值2884.3亿元，同比下降0.1%；实现利润总额1947.5亿元，同比增长12.1%。

**（三）食品行业**

食品行业规模以上企业2267家，2016年实现产值8011.8亿元，同比增长10.2%；完成出口交货值222.5亿元，同比下降5.4%；实现利润总额666.1亿元，同比增长12.2%。

**（四）医药行业**

医药行业规模以上企业696家，2016年实现产值3992.4亿元，同比增长12.3%；完成出口交货值214.2亿元，同比增长0.5%；实现利润总额413.3亿元，同比增长14.1%。

## 二、发展经验

### （一）开展全省消费品工业"三品"专项行动

一是出台实施意见。积极贯彻落实国务院办公厅《关于开展消费品工业"三品"专项行动营造良好市场环境的若干意见》和工信部《关于开展2016年消费品工业"三品"专项行动营造良好市场环境的通知》，结合全省供给侧结构性改革会议部署，围绕企业制造装备升级、互联网化提升两大计划，推动省政府出台《关于开展全省消费品工业"三品"专项行动促进产业加快转型升级的实施意见》（苏政办发〔2016〕103 号），引导全省消费品工业加快转型升级。二是组织部署落实。召开全省消费品工业供给优化和"三品"专项行动推进会，各设区市经信部门、有关行业协会以及全省消费品工业重点企业和新闻媒体代表参加会议，江苏省经济和信息化委员会领导对全省消费品工业"三品"专项行动提出明确要求。召开消费品工业供给侧创新发展培训和"三品"专题论坛，邀请部门领导、行业专家进行政策讲解和交流互动，进一步提高认识。三是开展专项工作。指导苏州市创建国家消费品工业"三品"战略示范试点城市。推荐 2 个儿童汽车座椅项目申报国家儿童用品有效供给能力提升专项、2 个儿童药品项目申报国家儿童食品药品供给保障能力提升专项，推荐 3 个地区（企业）申报纺织行业创意设计示范试点园区（平台）。四是宣贯行业典型。与江苏经济报、新华日报等合作开设消费品工业"三品"专项行动专栏，对全省优秀地区和优秀企业进行专题宣传报道。组织评选第一批 32 家江苏省消费品工业增品种提品质创品牌示范企业，编写案例汇编在行业内进行宣贯。

**（二）突出政策引领作用，加强行业精准指导**

一是编制发布"十三五"产业规划。经过产业调研、委托撰写、专家论证、征求意见、规划对接、修改完善等程序完成全省纺织、轻工、医药、食品等产业"十三五"发展规划编制工作，并对外公开发布。二是严格执行国家产业政策。严格执行工信部铅蓄电池、再生化学纤维（涤纶）、印染等行业规范（准入）公告管理工作有关要求，引导企业主动实施技术改造，监督企业始终符合有关规范（准入）条件要求，全年共推荐 9 家企业申报有关行业规范（准入）公告。三是积极推动智能制造。以举办世界智能制造大会为契机，指导重点企业以《中国制造 2025 江苏行动纲要》、企业装备制造升级和互联网化提升两大计划为导向，大力发展智能制造。汇编智能制造典型案例，组织行业专家和咨询机构多批次赴重点企业实地指导企业开展智能制造建设。四是加强食品质量安全工作。印发《2016 年全省食品工业企业诚信管理体系建设暨加强食品质量安全工作要点》，部署扎实推进食品工业企业诚信管理体系建设工作。召开全省食品行业工作暨食品工业诚信管理体系建设会议，公布第四批食品行业诚信管理体系建设示范企业，引导和支持企业开展管理体系建设。配合开展全国食品安全宣传周活动。在省政府领导下会同省发改委、省盐务管理局共同研究制定盐业体制改革配套政策。组织开展食品安全快速检测关键共性技术攻关招标工作。五是推动历史经典产业发展。根据《江苏省工艺美术保护条例》，经省政府批准组织开展了第六届江苏省工艺美术大师和工艺美术名人评审工作。组织玉雕、水晶、珠宝首饰等行业从业人员参加了3期工信部工艺美术行业培训，加大行业优秀人才培育力度。

### （三）积极搭建公共平台推动行业协调发展

一是推动设立医药健康产业联盟。为推进全省医药健康产业融合发展，江苏省经济和信息化委员会会同省有关单位共同推动设立江苏省医药健康产业联盟并举行成立大会，工信部领导到会指导。全省包括泰州医药城、南京生物医药谷等产业发展平台、生物医药及医疗器械重点企业、重点医院医疗机构以及高校院所和健康综合体等单位加入联盟。联盟成立后，江苏省经济和信息化委员会会同省有关单位，推动联盟搭建多种服务合作平台，重点指导江苏省医药健康产业投资基金与江苏省相关地区设立投资子基金，促进医药产业创新发展。二是充分发挥展示展销平台作用。协调建设江苏省消费品信息发布平台"苏牛网"，组织各类消费品企业加入信息发布平台，各项前期筹备工作有序进行。精心组织第18届江苏国际服装节，围绕"品牌江苏、时尚江苏"两大主题全面展示纺织服装行业名企、名牌和名品风采。支持企业参与江苏产品万里行、江苏工艺美术精品博览会、江苏电动车国际展览会、生物医药博览会等各类国际展览展销活动。三是认真做好产（行）业运行分析。落实"10＋8"产（行）业分析机制统一部署，会同重点企业、重点地区和行业协会、行业专家搭建协同工作平台，每季度开展行业特别是细分行业分析，尽力掌握行业基础数据，为领导决策提供依据。

## 三、存在问题

### （一）产业集约化发展水平不高

一方面，消费品工业企业组织形式多为独资，股份制和混合所有制形式的企业很少，家族式管理模式较为普遍，家具、医药行业这一现象尤其突出。

这一模式下，企业普遍存在"小富即安"倾向，缺乏做大做强意识，运用现代管理理念、信息技术进行经营管理的能力严重不足。另一方面，轻工行业大量小微型企业受资金缺乏、贷款融资困难、经营理念落后等因素影响，装备升级和技术改造发展严重滞后。多数企业以传统、粗放的模式发展生产，产品质量难有保障，市场知名度和占有率较低。

### （二）产业结构需进一步优化

从整体看，消费品工业产业结构调整取得一定成效，但仍以传统产业为主，初加工行业占比较高，生物医药等新兴产业发展缓慢。从食品工业看，代表未来食品消费需求的绿色食品、有机食品以及保健食品有待开发。从医药工业看，化学原料药产业主营业务收入占全部医药工业的比重达到21.4%，高于全国平均水平3.2个百分点，而附加值较高的生物医药、高端医疗器械主营业务占比则明显低于全国平均水平。从纺织工业看，服装家纺和产业用纺织品占整个纺织工业的比例较低，特别是产业用纺织品和家纺行业，明显低于山东、浙江等纺织工业大省。从轻工业看，江苏省塑料、造纸、日化等环境敏感型行业所占比重过高，产业发展的环境压力较大。

### （三）自主创新能力有待提升

一是创新意识不强。消费品工业中小微企业数量较多，这些企业管理水平不高，承受创新风险的能力不强，自主知识产权保护意识较淡，整体创新意识薄弱，"重引进、轻消化、重模仿、轻创新"的现象多有存在。二是创新载体缺乏。从轻工业看，全省轻工业企业共有技术研发中心7个，仅占规模以上工业企业技术中心的1.3%，轻工企业与高等院校、科研院所严重脱节，产学研一体化体系建设滞后，科研成果的实际转换率不高。从食品工业看，大部分企业没有单独的技术部门或研发部门，如得利斯、雨润等外来企业主要集中在生产加工环节，企业发展规划、产品研发创新、市场拓展等均由总部进行掌控，企业自身自主创新性较弱，对产业发展的带动作用有限。三是创新投入较低。消费品工业研发投入共计10.2亿元，研发投入强度仅为0.4%，低于全国平均水平0.1个百分点。其中，家具制造业、文教、工美、体育和娱乐用品制造业的研发投入为0。

## 四、对策建议

### （一）继续实施"三品"专项行动

一是增强行业创新能力。支持企业加大投资力度，增加个性化、时尚化、功能化、绿色化消费品供给，发布新型和升级消费品名录。围绕提高行业创新研发和创意设计水平，组织开展全省消费品工业示范试点平台（创新研发类、创意设计类）认定管理工作，加快建设以用户为中心、平台化服务、社会化参与的新型设计研发体系。积极围绕重点行业开展合作攻关，提升核心基础零部件（元器件）、关键基础材料、先进基础工艺和产业技术基础发展水平，解决重点产业发展瓶颈问题。推进建设江苏省原创化学药创新中心、江苏省生物医药创新中心、江苏省精准医疗创新中心等制造业创新中心。二是推进行业品质升级。支持行业骨干企业制造装备升级，开展技术改造，提高产品性能稳定性及质量一致性，全年培育20家左右省级示范智能车间。组织召开智能制造交流活动，引导行业转型升级。支持和鼓励行业龙头企业主导和参与国际标准、国家标准、行业标准的制（修）订，省级专项对标准牵头指定单位给予奖励。积极推动食品行业贯彻国家标准 GB/T33300—2016《食品工业企业诚信管理体系》，继续推进全省食品工业企业诚信管理体系建设和食品工业重点企业追溯体系建设。支持和引导医药企业开展仿制药质量和疗效一致性评价，全面提升仿制药质量水平。三是支持行业品牌建设。全力支持苏州市开展国家消费品工业"三品"战略示范试点城市创建工作。激发加强"三品"建设的积极性，以消费品工业基础较好、实施"三品"战略实力较强的县（市、区）为单位，认定省级消费品工业"三品"战略示范区。公布一批品牌建设中介服务机构和品牌专业化服务平台，建设企业自主品牌培育基地，推动社会机构为我省消费品企业开展自主品牌建设提供设计、营销、咨询等专业服务。全年培育30家左右省级消费品工业"三品"示范企业，继续办好第19届江苏国际服装节，利用"江苏产品万里行"等宣传扩大江苏消费品的知名度和影响力。

### （二）推进历史经典产业振兴计划

一是突出示范引领作用。按照江苏省第十三次党代会要求，推动历史经典产业传承和发展，培育历史经典产业领域的示范企业、大师示范工作室、示范产业基地和示范街区，促进产业特色化和品牌化发展。贯彻落实工信部、财政部《关于推进工业文化发展的指导意见》，全年培育25家左右大师示范工作室，对于大师示范工作室在带徒传艺、技艺创新、珍品创作、社会宣传等方面给予支持。二是培养产业领军人才。建设领军人才培养基地，依托有条件的高等院校、科研院所围绕产业发展需求，通过委托培养、定向培养、集中培训等方式，全年举办2—3期领军人才培训班。充分发挥工艺美术大师、非物质文化遗产技艺传承人等荣誉称号以及职称的激励作用，进一步建设完善国家、省、市三级领军人才激励机制。三是营造良好发展氛围。组织召开第六届江苏省工艺美术大师和工艺美术名人命名表彰大会，编印《第六届江苏省工艺美术大师和工艺美术名人精品集》，充分利用好江苏工艺美术精品博览会等市场拓展项目，支持在重要产业地举办全国性产业展会，提高江苏历史经典产业的社会影响力和知名度。

（三）加强行业精准指导

一是严格执行产业政策。严格执行工信部铅蓄电池、再生化学纤维（涤纶）、印染等行业规范（准入）公告管理工作有关要求，对已进入公告管理名单的企业加强监督，组织专家进行不定期抽查，并覆盖所有企业。对有意愿申报行业规范（准入）公告的企业，严格对照产业政策要求指导企业进行改造升级。二是培育医药特色产业。落实省市联动推进特色产业发展试点工作意见要求，与连云港市共同推进新医药特色产业建设，与泰州市共同推进大健康特色产业建设。积极指导江苏省医药健康产业联盟通过举办专业论坛、现场交流会等方式，在加快GMP改造、仿制药质量和疗效一致性评价、临床试验基地建设等方面取得明显成效。协调"江苏省医药健康产业投资基金"以及其他社会资本，投资医药前沿领域一批科技含量高、发展前景好的项目，推动医药产业链整合与兼并重组，增强医药产业发展后劲。推动南京江北新区建设医药投资基金小镇。三是强化行业分类服务。认真贯彻落实公布的纺织、轻工、医药、化纤、产业用纺织品等"十三五"产业发展规划和食品、包装、文教体育用品、文房四宝等行业发展的指导意见，围绕专栏工程和任务分工，加强行业调查研究工作，保持与重点地区、重点企业的沟通联系，推动重点项目建设。

# 第七章  中部地区

本章以湖南省和湖北省两个典型中部省份为例，分析总结两省消费品工业经济运行情况和发展经验，并针对存在问题提出对策建议。2016 年，在全球经济低迷、大宗原料价格大幅波动、市场需求偏弱的复杂形势下，湖南省消费品工业紧紧围绕稳增长、调结构、增效益，大力推动消费品工业结构调整和转型升级，重点推进创新驱动战略和消费品工业"三品"专项行动，不断加强政策引导和协调服务，消费品工业经济运行总体保持平稳增长的良好态势，满足消费升级需求。但仍存在行业集中度不高、企业规模偏小，产业链体系不健全、产品结构有待调整，创新驱动乏力、研发水平低下等问题。建议通过培育龙头企业、完善产业链条、坚持创新驱动等措施来推进湖南省消费品工业做大做强。新时期，湖北省消费品工业也积极适应经济发展新常态，大力推进供给侧结构改革，积极开展"三品"专项行动，消费品工业经济运行呈现"总体稳定、稳中有进、稳中趋缓"的态势。但仍存在产业大而不强、自主创新能力有待提升和产业结构需进一步优化等问题。建议通过着力打造优势产业、健全创新驱动机制和加快推进产业结构调整等措施予以应对。

## 第一节  典型地区：湖南省

### 一、运行情况

#### （一）生产保持平稳增长

2016 年，湖南省消费品规模工业（医药、食品、轻工、纺织，不含烟草，下同）累计实现增加值同比增长 8.0%，增速高于全国消费品工业 2.6 个百分点，高于全省规模工业 1.1 个百分点。其中，医药、食品、轻工、纺织工业增加值同比分别增长 13.7%、8.4%、6.5%、7.7%，增速分别高于全国同行业 3.1 个、1.2 个、0.2 个、2.8 个百分点。医药工业增加值增速居全省 13 个重点发展行业第一位。

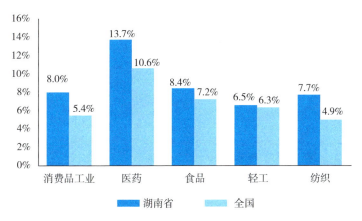

图 7-1  2016 年湖南省消费品工业增加值同比增速及比较

（二）经济效益持续提高

2016 年，全省消费品规模工业共实现主营业务收入 12734.0 亿元，同比增长 9.6%，增速高于全国消费品工业 3.9 个百分点，占全省规模工业比重为 33.8%，比 2015 年提高 0.7 个百分点；全省消费品工业实现利润总额 589.6 亿元，同比增长 5.9%，增速低于全国消费品工业 0.7 个百分点。全省食品、轻工工业主营业务收入迈上五千亿台阶、纺织工业主营业务收入突破千亿。

（三）重点子行业发展稳定

大多数消费品重点子行业在 2016 年保持了增长势头，其中，中药饮片、化学原料药、中成药、兽药、医疗器械、乳制品制造、罐头制造、调味品、果蔬加工、精制茶加工、饲料加工、文教体用品、木材加工、家纺、产业用纺织等重点子行业的工业增加值增速达两位数。

（四）主要产品产量保持增长

化学原料药、中成药、大米、食用植物油、纱、化学纤维全年分别实现产量 7.9 万吨、15.9 万吨、1451.5 万吨、388.2 万吨、105.1 万吨、7.2 万吨，同比分别增长 22.5%、4.7%、5.8%、6.0%、8.8%、4.8%，家具、日用陶瓷制品实现产量 893.3 万件、14.9 亿件，同比增长 14.7% 、17.0% 。

### （五）工业投资增速有所回升

2016 年，全省消费品工业累计完成工业投资 3268.9 亿元，同比增长 10.3% ，增速高于全省制造业投资 2.8 个百分点，占全省制造业投资比重为 31.8% 。医药、食品、轻工、纺织行业分别完成工业投资 233.7 亿元、1424.3 亿元、1296.8 亿元、314.1 亿元，同比分别增长 10.5% 、14.6% 、2.9% 、26.2% 。

## 二、发展经验

### （一）重视行业调查研究

为全面深入了解消费品重点行业基本情况和发展难题，湖南省组织开展消费品行业稳增长、预制菜加工业、电子商务应用等专题调研，形成《当前全省消费品行业发展情况及对策建议》和《关于我省预制菜加工业发展情况的调研报告》等材料，参加全国和省人大代表"陶瓷产业优化升级"专题调研，围绕纺织行业过千亿目标开展制约因素调研。

### （二）出台政策扶持行业发展

为进一步做大做强消费品重点行业，湖南省组织编制发布了全省消费品工业规划和医药、食品、轻工、纺织行业"十三五"规划，印发了《湖南省中药材产业保护和发展规划（2016—2025 年)》和《湖南省医疗器械产业"十三五"发展规划》等文件，以规划引领发展。不断完善重点领域政策，加快优势产业发展，出台了《关于加强食品安全工作的意见》《湖南省"十三五"食品药品安全规划》和《关于促进医药产业健康发展的实施意见》，有力推动了相关行业的发展。

### （三）实施"三品"专项行动

实施"互联网＋"专项行动，不断加强对消费品行业重点企业项目建设的调度和协调服务，完善产业链条，优化产业布局和产品结构。着力培育医药大品种，主动帮助企业协调落实有关政策，扶持打造拳头产品。重视食品质量安全管理，认真组织开展食品安全宣传周活动，积极组织市州和企业参加诚信管理体系培训班，全省累计通过诚信评价企业总数达到 37 家。着力推动食用植物油、白酒等领域重点企业产品质量安全追溯体系建设，20 多家企业建立产品追溯体系。保障食盐供应安全，建立食盐生产、批发企业及其负责人信用记录，依托省信用信息共享交换平台和"信用湖南"网站建立健全信息公示、共享制度，不断加强食盐安全知识宣传，加强执法监督检查，牵头组织打击制贩假盐专项治理行动。积极开展品牌培育，努力培育湘产特色药材，会同省发改委等部门共同认定 8 个县市为首批省中药材种植基地示范县。

### （四）助力省内企业"走出去"

为企业搭建医药产业对接平台，会同长沙市人民政府主办"3D 打印技术医学应用高峰论坛"，会同省直有关部门举办第三届医疗器械院企对接会，促进多方合作和产品销售。组织产业援疆合作对接会，为企业提供合作交流机会，达成多项战略投资合作意向和购销协议，加快了省内企业"走出去"步伐。协助承办中国食品餐饮博览会，吸引了国内外诸多知名特色食品、餐饮企业参展。

### （五）做好相关产业服务

大力促进企业兼并重组，充分发挥政策和资金的激励作用，引导优势骨干企业实施兼并重组。努力推进项目建设，组织实施医药食品技改专项，精心筛选 100 多个项目予以重点扶持，引导和激励企业进行工艺改造和设备更新。湖南省注重行业运行监测分析，制定《湖南省消费品工业经济运行调度考核办法》，坚持月调度、季分析，加强经济运行形势研判。深入开展百户大型骨干企业精准帮扶活动，积极协调解决省内龙头企业生产运营中的突出问题。开展湘江纸业对接央企精准帮扶活动，指导和协调处理企业搬迁相关问题。密切与协会工作联系，按照"脱钩不脱节、脱钩不脱联"原则，配合完成消费品相关 20 个行业协会的摸底、清理、脱钩等工作，指导省食品行业联合会和省麻纺协会换届改选，落实第三方中介机构开展协会资产清查和购买服务等工作。

### （六）推进各项体制改革

推进供给侧结构性改革，起草《关于开展消费品工业"三品"专项行动营造良好市场环境的实施方案》，为湖南省"三品"专项行动实施提供政策支撑。牵头实施盐业体制改革，对全省食盐定点生产企业和批发企业进行了清理审查，完成110家食盐定点生产和批发企业许可证发放工作，制定并引发《湖南省盐业体制改革实施方案》。配合推进医改工作，落实《湖南省2016年深化医药卫生体制改革重点工作任务》，配合省医改办、省卫生计生委制定有关政策文件，共同推进湖南省医药卫生体制改革。

### （七）强化行业管理

严格产业政策审查，对多家消费品企业项目开展产业政策审查，协调长沙镁镁等企业申请行业规范条件公告，批复同意湖南合力化纤与保定天鹅战略重组。配合组织核查恒信造纸产能，逐步淘汰落后产能。参与行业标准制订，参加对轻工强制性地方标准和省推荐性地方标准审核，指导、帮助中纺标检验论证集团湖南工作站成立，制定《学生服设计规程》《工业企业洁净区工作服》等地方标准，完成纺织地方标准复审工作。

## 三、存在问题

### （一）行业集中度不高，企业规模偏小

企业"散小差"问题仍较为明显，规模化程度低，行业龙头少。消费品工业四大行业，除食品、轻工行业外，医药、纺织行业主营业收入刚超过或突破千亿。同时，全省规模以上消费品工业企业中，大中型企业仅1000多家，占比不足20%。除食品行业外，医药、轻工、纺织三大行业百亿企业仍未现实突破，集约化水平不高，缺乏具有全国影响力的大企业、大集团，企业带动、辐射力较弱。

### （二）产业链体系不健全，产品结构有待调整

目前，全省消费品行业从原料供应到中间产品加工再到末端产品生产整个产业链条尚不完全且整体较短，精深加工水平不高，末端产品生产与开发不足。面向消费品行业的研发设计、品牌推广、资本运营等高附加值环节发育水平低。产品结构不够合理，其中医药行业大品种少，10亿级大品种缺乏。食品行业精深加工产品少，初加工低端产品多。纺织行业自主品牌知名度低，

缺乏具有国内外影响力的产品。轻工行业产品附加值不高，高尖端产品较少，满足不了现代消费需求，有效供给不足。

### （三）创新驱动乏力，研发水平低下

目前，全省消费品工业创新投入不足，高端人才稀缺，新技术、新工艺、新装备应用水平不高，粗放式发展仍未得到根本性扭转，创新驱动的发展模式尚处于探索阶段。全省消费品工业中小微企业数量较多，创新主体缺乏，承受创新风险能力较弱，创新意识不强，新产品开发滞后，"重引进、轻消化、重模仿、轻创新"的现象多有存在。国家级工程技术中心、工程实验室等创新载体缺乏，企业与高校、科研院所的战略合作机制尚未建立健全，产学研一体化体系建设滞后，科研成果的实际转换率不高。

## 四、对策建议

### （一）培育龙头企业，提高行业集中度

一是扎实做好消费品行业龙头骨干企业精准帮扶工作，及时协调解决重点企业生产经营中的困难和问题。二是充分发挥专项资金引导和激励作用，积极争取国家资金支持，重点关注企业在绿色制造、智能制造、质量提升、装备改善、两化融合等领域的转型升级发展项目，推进项目建设。三是落实各项鼓励扶持政策，重点支持行业龙头企业开展品牌整合和并购扩张，实施兼并重组，引导生产要素向龙头骨干企业聚集，组建大型消费品企业（集团），实现规模化、集约化生产经营。四是积极培育和发展特色消费品专业园区，加大对相关专业园区的指导和服务，完善专业园区配套设施，促进产业集聚发展。

### （二）完善产业链条，优化产品结构

一是围绕消费品领域各行业产业链短板，深入开展行业调查研究，协调解决瓶颈制约问题。二是完善现有产业链薄弱环节，加强消费品工业原料市场建设，保障原料有效供给，增加产品深加工程度，建立从原材料供给到中间产品的加工再到终端产品制造、销售的完整产业链。组织对接活动，促进全省消费品产业上下游对接。三是加快新产品研发和供给侧结构性改革，促

进科技成果本土转化，调整优化产品结构，提高精深加工产品比例，提高全省消费品有效供给能力和水平，满足消费升级需求。四是加快提升传统消费品技术含量和附加值，开发高尖端产品，培育自主品牌，提升产品核心竞争力，重点培育发展生物医药、高档服装（家纺）等高技术、高附加值产品，大力推进智能、健康消费品发展。

### （三）坚持创新驱动，提高技术水平

一是强化企业创新意识，引导企业加大研发投入，大力推动企业与省内外的高校、科研院所建立产学研用一体化研发创新体系，积极创建企业技术中心、工程技术中心、工程实验室等创新服务平台。二是积极推进新一代信息技术在产品设计、生产、销售等环节的应用，大力推进智能化生产线、示范车间和数字化工厂建设，全面提升企业的智能制造水平。三是加强消费品行业各类学科建设，引导和支持重点企业与省内外高校、科研院所建立人才联合培养机制，鼓励企业通过"请进来、派出去"等方式培育专业人才，加强专业智库建设，为消费品工业企业创新发展提供智力与人力支持。

# 第二节　典型地区：湖北省

## 一、运行情况

### （一）生产保持增长，但增速大幅回落

2016 年湖北省规模以上消费品工业企业增加值增长 5.6%，环比回落 3.9 个百分点。其中，食品行业增速回落，受烟草业负增长影响，全行业增加值增长 4.1%，但下半年随着烟草业降幅收窄以及消费旺季到来，较上半年回升 2.2 个百分点。纺织行业持续放缓，增加值增长 7.3%，同比、环比分别回落 1.9 个、1.5 个百分点。医药行业增长较快，受医疗分诊改革以及国家大力推动中医药发展，行业增加值增长 10%，同比、环比分别加快 3.8 个、1.7 个百分点。

表 7-1   2016 年湖北省消费品行业增加值增速

| 行业 | 增长率 |
|------|--------|
| 食品行业 | 4.1% |
| 其中：农副食品加工 | 8.9% |
| 食品制造业 | 9.4% |
| 酒、饮料和精制茶制造业 | 10.5% |
| 纺织行业 | 7.3% |
| 其中：纺织业 | 7.5% |
| 服装业 | 7.4% |
| 皮革、毛皮、羽毛及其制品和制鞋业 | 10.9% |
| 医药行业 | 10% |

**（二）产销衔接基本平衡，重点产品平稳增长**

全省消费品工业完成产值 16304.4 亿元，增长 9.2%，产销率为 97.6%，与上年相比基本持平。全省监测的 13 种重点消费品工业产品中，10 种产量实现增产，增长面为 76.9%，其中冰箱 392.1 万台，同比增长 36.3%；大米、植物油产量 2922 万吨、774 万吨，同比分别增长 5.1%、4.9%；坯布产量 78.5 亿米、无纺布产量 40.8 万吨，同比分别增长 1.6%、2.8%；中成药产量 46.1 万吨，同比增长 6.7%；化学药品产量 28.4 万吨，同比增长 7.2%。

**（三）经济效益继续提高，但增势放缓**

2016 年，消费品工业实现主营收入 14912.7 亿元，同比增长 6.8%，增速同比放缓 2.8 个百分点，实现利润 794.2 亿元，同比增长 5%，增速同比放缓 4.1 个百分点。其中：食品行业受烟草行业增长乏力影响，实现收入 8450 亿元，同比增长 7%，实现利润 467.3 亿元，同比增长 4.8%，增速同比放缓 5.4 个百分点。纺织行业实现主营收入 3320.5 亿元，同比增长 4.7%，实现利润 137.7 亿元，同比增长 2.4%。医药行业主营收入突破千亿元，达到 1195.9 亿元，同比增长 12.3%，实现利润 94.2 亿元，同比增长 13.6%，增幅同比放缓 3.9 个百分点。

## 二、发展经验

### （一）重视行业调查研究

全面深入了解和掌握消费品重点行业发展情况，组织对全省消费品工业进行摸底调查，加强对重点企业经济运行的监测和跟踪，协调解决行业运行中存在的困难和问题。根据调研情况，形成《2015 年湖北食品产业发展报告》《2015 年湖北纺织产业发展报告》《2015 年湖北医药产业发展报告》和《湖北省医疗器械行业发展调查报告》等一批高质量调研成果，为湖北省食品产业、纺织产业升级转型以及医药产业做大做强提供了依据。

### （二）出台政策扶持行业发展

为进一步做大做强消费品重点行业，湖北省组织编制了食品、纺织"十三五"发展规划和《医药产业"十三五"发展指导意见》，并认真组织实施。针对家具、造纸工业领域现状和发展前景，编制了家具、造纸工业"十三五"规划。为加强全省中药材保护和发展，促进全省中医药产业科学发展，编制印发了《湖北省中药材保护和发展实施方案（2016—2020 年）》。着力推进盐业体制改革，组织制定并印发《湖北省盐业体制改革实施方案》，确保食盐的稳定供应，起草了《湖北省省级食盐储备管理暂行办法》《湖北省食盐供应应急预案》，制定了《省级食盐储备管理办法》，并组织专家对《湖北省盐业管理条例》和《湖北省食盐专营实施办法》进行了修订。

### （三）实施"三品"专项行动

制定消费品工业"三品"实施意见，结合全省产业发展实际，制定出台了《湖北省开展消费品工业"三品"专项行动计划（2016—2018 年）》，围绕增品种、提品质、创品牌的"三品"战略，推进全省消费品工业加快转型升级、提质增效。大力宣传消费品工业"三品"战略，举办全省消费品工业"三品"专项行动培训班。开展消费品"三品"战略示范试点，积极组织申报工信部示范城市试点。

### （四）加快推进产业转型升级

积极推进电子商务工作。与阿里巴巴集团合作举办中国质造"质造新发现·致选湖北"启动会,推荐了一批湖北优质企业和产品参与阿里巴巴中国质造项目。与商会、协会合作举办电子商务推进会,推广微商成功经验。补行业短板。坚持绿色发展理念,引导印染企业有序向园区搬迁。推进产业转移和企业联合重组。支持了一批企业"走出去"发展,在省外投资建设生产基地,推动古井贡、稻花香集团等龙头企业进行收购、兼并,壮大企业规模。加强行业准入管理。落实铅酸蓄电池、印染、再生纤维企业准入条件公告管理办法,开展了符合准入条件企业的组织、申报和审核工作。实施智能制造推广工程。支持重点企业实施智能制造和"互联网+",组织重点企业到智能制造推广先进地区企业学习。

### (五)重视食品药品安全保障工作

近年来,湖北省重视食品安全检测能力建设,积极组织"食品企业质量安全检测技术示范中心"申报工作。结合盐业体制改革,举办全省食盐生产企业诚信体系培训工作。积极开展了食品质量安全整顿、违法添加非食用物质专项整治工作和2016年食品药品安全宣传周活动,组织编制《湖北省食品药品安全"十三五"规划》。开展《食品安全法》贯彻落实情况专项调研,并形成报告。制定落实省级医药储备企业年度目标管理责任书,重点做好省级医药储备和防控H7N9应急保障以及常态短缺药品储备和供应保障工作。

## 三、存在问题

### (一)产业大而不强

虽然湖北省消费品工业规模不断壮大,但与消费品工业大省相比,大而不强的问题依然突出,缺乏在全国范围内具有影响力的产业集群和引领发展的大型龙头企业。2016年,消费品工业主营业务收入14912.7亿元,与消费品工业大省山东、江苏等相比差距较大。大多数企业集中于产业链前中端,产品附加值较低,产业同质化现象突出,不利于消费品工业的发展壮大。

### (二)自主创新能力有待提升

湖北省消费品工业中小微企业数量较多,这些企业管理水平不高,承受创新风险的能力不强,知识产权保护意识较淡,创新意识薄弱,创新投入较低，"重引进、轻消化、重模仿、轻创新"的现象多有存在。技术研发中心、工程中心、重点实验室等创新载体缺乏，企业与高校、科研院所合作不够紧密，产学研用一体的产业创新体系建设滞后，科研成果转化效率不高。诸多企业尚未设立单独的技术部门或研发部门，企业自主创新能力较弱，对产业发展的带动作用有限。

### （三）产业结构需进一步优化

虽然湖北省消费品工业产业结构调整取得一定成效，但仍以传统产业为主，初加工行业占比较高，生物医药、新型纺织材料、产业用纺织品、高性能诊疗设备等引领消费品工业升级发展的新兴产业发展缓慢，基于"互联网＋"的个性化定制、众包设计、云制造等新型制造模式处于探索阶段。食品工业中新资源食品、绿色食品、有机食品以及保健食品等发展滞后。医药工业中化学原料药产业占比较高，而附加值较高的生物医药、高端医疗器械占比较少。纺织工业中服装家纺和产业用纺织品占整个纺织工业的比重较低，特别是新型纺织材料和产业用纺织品。

## 四、对策建议

### （一）着力打造优势产业

一是认真开展行业调查研究，深入了解全省消费品企业生产经营状况、项目建设、政策落实等基本情况和存在的问题，及时总结反馈，确保政策措施落到实处，促进企业成长壮大。二是加大龙头企业和产业链关键环节企业的培育与引进，引导生产要素向骨干企业集聚，服务企业集团做大做实做强。三是加人科技研发力度，开展核心技术的开发研究，加快时尚创意园区建设，组织实施品牌评价、跟踪等工作，开展自主品牌宣传交流活动。四是促进产业创新发展，积极推进生产自动化，智能化改造，提高生产效率，增强产业竞争力，促进产业融合发展。五是落实扩大消费需求战略。推进产业用纺织品、医药产需衔接，协调招标采购政策。支持协会、商会等中介组织举办展览、展销会，努力开拓多层次市场。

### （二）健全创新驱动机制

一是加大财政科技投入，破除制约消费品工业创新发展的体制机制障碍，强化创新的法治保障，健全知识产权创造和保护的法治体制，营造激励企业创新的政策环境。二是强化企业的创新主体地位，鼓励企业加大研发投入和技术改造力度，推动生产装备更新和新技术广泛应用，支持企业研发技术中心建设，培育具有较强市场竞争力的创新型食品工业领军企业。三是整合全省公共创新资源，建设一批面向中小消费品工业企业的创新中心、实验室、中试平台，为企业的新产品开发、产品中试、质量检验等提供服务。四是实施智能制造和"互联网＋"工程，鼓励有条件的企业建设智能化工厂，发展电子商务，推广消费品行业个性化定制模式，提升企业数字化管理水平，培育引领消费品工业发展的新技术、新模式和新业态。

（三）加快推进产业结构调整

一是适应城乡消费升级的趋势，引导企业开发品种、提高质量，生产适销对路产品，通过组织制（修）订产品标准和使用规范，推进产需衔接，推动供给侧结构改革。二是建立完善项目库，做好项目基金引导、推介和对接工作，推进重点项目建设。三是补行业短板，提升产业链薄弱环节生产能力。大力发展农副产品深加工，推动生物医药及高性能医疗器械实现重点突破，推进中药材规模化、品质化发展，支持产业用纺织品提档升级。四是支持企业抓住"一带一路"倡议机遇，"走出去"开展产能国际合作，扩大对外开放。

# 第八章　西部地区

本章以四川省和陕西省两个典型西部省份为例，分析总结两省消费品工业经济运行情况和发展经验，并针对存在问题给出对策建议。2016 年，四川省积极推进供给侧结构性改革，以贯彻实施消费品工业"三品"战略、扎实推进供给侧结构性改革、加强经济运行分析和政策引导、积极推动市场开拓和产销衔接、努力打造良好营商环境等为抓手，积极推进行业管理各项工作，全省消费品工业经济运行实现总体平稳、稳中有进，转型升级迈出坚实步伐。但仍存在企业转型升级压力较大、要素供给约束加剧、产业短板和人才短缺并存等问题。建议采取深入实施消费品工业"三品"战略、确保重点行业稳增长、促进行业转方式调结构等措施积极应对。陕西省则通过抓稳增长促进消费品工业保持健康平稳运行、抓优化升级全力推动消费品工业迈上中高端、抓供给侧结构性改革努力实现追赶超越等措施，经济运行呈现总体平稳、稳中有进态势，规模效益明显提升，支撑作用进一步增强。但仍存在产业实力相对较弱、自主创新能力有待提升、产业结构需进一步优化、产业集约化发展水平不高等问题。建议采取推动产业提质升级、协同推进消费品工业"三品"战略、加快培育引进龙头企业、加大宣传推广力度等措施予以应对。

## 第一节　典型地区：四川省

2016 年，面对错综复杂的宏观经济形势，四川省消费品工业积极推进供给侧结构性改革，狠抓重大政策、重大改革、重大项目落地落实，大力实施增品种、提品质、创品牌的"三品"战略，积极推进行业管理各项工作，全省消费品工业经济运行实现总体平稳、稳中有进，转型升级迈出坚实步伐。

## 一、运行情况

### （一）生产保持平稳增长

全年规模以上工业增加值比上年增长 7.9%，增幅比全国平均水平高 1.9 个百分点；其中消费品工业增加值增速约为 8.2%，略高于全省工业增加值增速。分行业看，41 个工业行业中的 16 个消费品工业行业，除烟草制品业外增加值均实现正增长，占全省工业比重的 35%。其中，食品工业完成工业总产值 7630 亿元，同比增长 10.7%；医药工业完成工业总产值 1443.7 亿元，同比增长 13.5%；纺织业完成工业总产值 1002.4 亿元，同比增长 9.3%；家具制造业完成工业总产值 593.9 亿元，同比增长 13.5%。重点产品中，全省规模以上白酒企业酿酒 402.7 万千升，同比增长 8.7%，占全国酿酒总产量近三分之一（占全国 29.6%）。

### （二）产品销售增长较快

全年实现社会消费品零售总额 15501.9 亿元，同比增长 11.7%。按经营地分，城镇消费品零售额 12435.4 亿元，比上年增长 11.5%；乡村消费品零售额 3066.5 亿元，增长 12.5%。限额以上企业（单位）主要商品零售额中，粮油、食品、饮料、烟酒类增长 18.8%，服装、鞋帽、针纺织品类增长 4.5%，日用品类增长 24%，家用电器和音像器材类增长 12.8%，家具类增长 22.2%。

## 二、发展经验

### （一）贯彻实施消费品工业"三品"战略

印发实施《四川省人民政府办公厅关于开展消费品工业"三品"专项行动营造良好市场环境实施意见》，分行业开展"三品"战略政策解读宣贯。增品种方面。组织开展"工业设计对接活动"和天府宝岛工业设计大赛，推动工业创新设计，提升创意设计能力。指导推动方便食品、乳制品、茶叶、工艺美术等优势行业聚焦消费热点创新产品开发，推动预制调味品和佐餐食品品种多样化，制定实施"四川新生代酒品发展战略"，推荐省内更多的优势中药产品纳入国家医保目录。提品质方面。积极推进产品强制工程，组织开展"质量标杆"经验学习交流活动和工业企业质量诊断活动，组织开展工业地方标准立项、制（修）订、审查等工作和质量对标提升行动。创品牌方面。开展企业品牌培育试点示范工作，加快推进产业集群区域品牌建设试点示范建设，研究制定《四川优质产品目录》，发布《四川创制药械产品名单（第一批）》，积极制定四川省优势中药大品种培育方案。

**（二）扎实推进供给侧结构性改革**

实施重点行业绿色化改造，大力推进节能降耗。有序淘汰造纸、制革、印染、纺织、轻工、食品、制药等消费品工业 59 家企业落后产能。做好印染、再生涤纶、铅蓄电池行业规范条件公告申报与管理工作。实施以改技术、改工艺、改设备、改管理、改产品和绿色化为重点的新一轮大规模技术改造。狠抓川酒川烟川茶等优势产业提档升级。2016 年省工业发展技改专项资金安排 100 个中小企业农产品深加工技术改造项目、83 个医药产业改造升级项目、53 个工艺美术项目，预计带动投资 33.7 亿元。安排"中国白酒金三角"专项资金 1227 万元，推动泸州老窖、剑南春、宜宾六尺巷等白酒企业在生产环节实施改造工程。

**（三）加强经济运行分析和政策引导**

建立轻工、农产品加工、白酒、纺织、医药等重点行业运行监测制度，加强重点企业的数据统计和联系跟踪，及时掌握行业经济运行情况。开展白酒新兴消费市场、烟草产业发展、核桃深加工、金川雪梨与牦牛产业开发、纺织服装、生活用纸、工艺美术、中药材等重点行业调研，提出政策措施和建议。不定期召开行业协会和重点企业座谈会，研究行业发展趋势和应对措施。研究制定《四川省中医药大健康产业"十三五"发展规划》，制定了轻工、纺织、白酒、农产品加工、医药等工业"十三五"规划，开展了四川原酒发展战略、四川白酒酿造机械化发展战略等课题研究，分业施策促进产业做大做强。

**（四）积极推动市场开拓和产销衔接**

强化大企业大集团培育，支持中小企业"专精特新"发展。支持企业参加"三大市场推广活动"，组织企业参加国内外品牌展览展销及招商推介活动。安排医药产业创新发展资金 3000 万元，鼓励四川省医药企业创新发展。推进产业链龙头企业与配套中小企业的对接合作，对接天府国际机场等重大项目。组织服装、酒业、家电等行业开展"新产品发布、好产品推介"专题产销对接活动，围绕"农产品进城入市"组织召开市场开拓工作座谈会，在腾讯新媒体推出"白酒进酒吧"专属定制营销栏目，推动举办五粮液"耀世之旅"全球文化巡展。

### （五）努力打造良好营商环境

建立传统产业转型升级重点项目清单，梳理汇总本省消费品工业需信贷重点支持的工业企业名单。开展"1＋N"银政企融资对接，组织医药等行业专题银政企对接。指导泸州市成立原酒产业基金，指导宜宾市设立了"白酒企业互助资金"。协调解决企业新增用电相关问题，抓好电力保障，对符合条件的企业纳入直购电范围。组织成都铁路局与白酒等行业重点企业开展大宗物资运输对接。深化中欧班列战略合作，带动了家用电器、电子产品、服装、纺织品、鞋类等一系列产品走出国门。

## 三、存在问题

### （一）企业转型升级压力较大

四川省消费品工业主要集中在劳动密集型、原料密集型的传统领域，企业仍以中小微企业为主，多数存在技术装备落后、创新能力不强的问题。加工贸易产品多以初级产品为主，部分企业还停留在一般性的原料初级加工的低端化状态，高附加值产品生产能力欠缺。企业在发展方式转变过程中普遍面临着"未强先转""未富先转"的难题。

### （二）要素供给约束加剧

随着国家及各地区最低工资标准的逐年提高以及社会保障制度的日趋完善，家具、服装、皮革、食品等劳动密集型行业用工成本快速上涨，不断挤压企业利润空间，削弱企业自我积累与发展能力。同时，在承接产业转移，促进经济发展的同时，随之而来的环境风险也日益凸显，节能、减排、降耗压力较大。

### （三）产业短板和人才短缺并存

四川省消费品工业总体呈现产业链短，末端产品开发与生产不足，研发设计、营销、品牌等高附加值环节发展水平不高的特点。支撑产业发展的研发设计、技术转移等科技服务业，以及金融、信息、中介、法律等生产性服务业发展滞后。同时，受限于地理位置、教育投入和经济发展水平等因素，与东部地区省份相比，位于西部的四川省在吸引和留住人才方面处于劣势。作为劳务输出大省，却频繁出现招人难、用工荒的现象。人才资源特别是高水平的专业技术人才、管理人才缺乏，很大程度上制约了产业发展壮大和企业创新能力的提高。

## 四、对策建议

### （一）深入实施消费品工业"三品"战略

依托本省资源优势、区位优势和产业优势，以企业为主体，以市场为导向，以创新为动力，以质量安全为保障，以转型升级为主线，深入实施增品种、提品质、创品牌的"三品"战略，一是继续丰富产品品种。引导消费品工业企业主动适应消费需求新变化，支持优势产业丰富和满足消费升级需求。重点发展丝绸、本色竹浆生活用纸、旅游商品、中医药健康衍生品等消费品，支持川茶、核桃深加工、牦牛食品等特色饮料食品发展，支持现有主食工业化企业产品创新，继续推动新生代酒品开发。二是继续提升产品品质。加快技术改造提质增效，开展"质量标杆"活动，举办先进质量管理方法推广培训，继续开展质量品牌诊断活动和质量对标提升行动。推动仿制药质量和疗效一致性评价要求，提高中药材原料供应质量。三是继续加强品牌建设。加快培育"四川造"消费品工业品牌，加强"四川造"品牌推广，强化"四川造"品牌策划，深入挖掘川酒等名优产品文化内涵，加快产业集群区域品牌建设。

### （二）确保重点行业稳增长

围绕重点产业发展深化产业链配套，围绕重点建设项目深化供需合作，围绕重点市场终端深化产销对接。组织重点川酒、川茶、食品、服装等行业企业参加国内外展销展示及市场开拓活动，着力推动企业发展电子商务等基于互联网的营销新模式。做好产业经济运行监测分析工作，帮助企业协调解决实际困难和问题。积极协调有关部门推进解决纺织行业"高征低扣"问题。

**（三）促进行业转方式调结构**

加快实施轻工、纺织、农产品加工、医药、白酒行业"十三五"发展规划，细化实施方案。继续推动印染、粘胶、再生涤纶、铅蓄电池企业开展行业规范条件公告申报工作，加强对已公告企业的监督管理，积极配合国家环保督察工作。引导重点消费品工业企业主动融入国家"一带一路"、长江经济带发展战略和四川内陆自贸试验区建设。重点支持板式家具、制鞋、白酒行业等优势行业开展智能制造，选择有条件的重点企业抓好示范生产线、大规模个性化定制、智能仓储建设，提升标准化、智能化生产水平。

# 第二节　典型地区：陕西省

2016年，面对外部市场持续低迷、内部长期积累的矛盾亟待消解，以及新旧动能接续转换的错综复杂局面，陕西省消费品工业经济运行呈现总体平稳、稳中有进态势。

## 一、运行情况

### （一）规模效益明显提升，支撑作用进一步增强

2016年消费品工业完成产值4540亿元，同比增长9.4%，高于全省工业3个百分点，占全部工业比重20.8%，增速较2015年提升0.4个百分点。实现利润349亿元，利润总额继续保持非能源工业第一位。

### （二）纺织工业高开低走，降幅较大

2016年，纺织业产值增速从1季度增长16.8%到2季度增长9.5%，3季度增长9.9%，4季度增长6.4%，增速总体呈下降趋势，全年完成产值367亿元。三个子行业产值全部实现正增长。其中：纺织业增长4.1%；纺织服

装、鞋、帽制造业增长 17.2%；化学纤维制造业增长 7.5%。

### （三）轻工业高开低走，缓中有升

2016 年，全年完成产值 853 亿元，同比增长 11.9%。在子行业中，家具制造、造纸及纸制品和塑料制品增速较快，分别增长 34.0%、14.7% 和 10.9%。

### （四）食品工业平开稳走，增速稳中放缓

2016 年，食品工业完成产值 2660 亿元，同比增长 8.1%。受烟草行业下降影响（2016 增长 –11%），食品工业增速由 1 季度增长 10.6% 到 2 季度增长 10.3%，3 季度增长 11.4%，4 季度增长 8.1%，总体呈现稳中趋缓。从重点监测企业看，品牌知名度高、市场竞争力强的企业发展稳定，增长较快，如宝鸡阜丰生物、陕西恒通果汁、陕富面业等企业产值同比分别增长 24.1%、10.4% 和 8.7%。

### （五）医药工业平开高走，增幅稳中有升

2016 年 1—12 月，完成工业产值 660 亿元，同比增长 13%。从重点监测企业看，大型和有较强市场竞争力产品的企业保持较快增长，如盘龙制药、郝其军制药、西安杨森等企业产值分别增长 33.8%、15.2% 和 7.7%。

## 二、发展经验

### （一）抓稳增长，促进消费品工业保持健康平稳运行

一是服务跟踪重大项目。建立重点项目督导联系制度，跟踪服务强生供应链基地建设、陕西西凤酒集团国家级技术研发中心及产品转型升级、洗之朗智能马桶盖生产基地暨检测中心建设等 16 个重大项目，促进项目顺利进行。二是实施促销奖励。认真落实省政府"稳增长促投资 21 条"，深化优化奖励措施，对 2016 年成长性好、增长快、品牌培育成效显著的 78 户重点企业进行考核和奖励，奖励资金 2000 万元，激发了企业生产积极性，促进 2016 年稳增长目标任务的完成。三是产销对接拓市场。积极会同各行业协会主办、协办了第八届西安国际食品博览会暨丝绸之路特色食品展、第二届丝绸之路华东国际服装节等专业展会，为企业拓展销售渠道、提升产品知名度提供了

良好平台。组织 50 余户食品企业参加烟台东亚国际食品博览会，取得良好效果，同时指导各市区在全国各地组织陕西名优特色产品展会近百场，为陕西省名优绿色健康食品全面进军国内市场奠定了基础。

（二）抓优化升级，全力推动消费品工业迈上中高端

一是打造医药新支柱。强化政策服务，完善医药优势大品种培育机制，加强优势品种目录动态管理，打造优势品牌。全面提升生物医药产业创新能力，制定《陕西生物医药产业行动计划》，抢占行业制高点，增强医药产业核心竞争力。加快推进重点产品的药材基地规范化规模化建设，为产业发展提供资源保障。发挥医药产业发展基金作用，建立了总规模为 50 亿元的发展基金，促进了医药产业平稳较快发展。二是培育优势食品产业。制定《支持安康富硒食品产业发展行动专项计划（2016—2020）》，确定"一平台一基地"建设为主要任务，通过优化产业布局，培育知名品牌，促进富硒食品产业迈向中高端水平，力争到 2020 年富硒食品产业完成产值 1000 亿元。全力推进羊乳制品产业发展，召开兼并重组推进会，跟踪服务和氏、百跃、优利士等一批婴幼儿配方羊乳制品重点项目建设，促进陕西省乳制品产业由牛奶向羊奶转变，由低端向高端转变。全年羊奶粉产量 7 万吨，完成产值 70 亿元。三是优化纺织工业布局。全力推进西安、咸阳纺织集团搬迁入园改造升级工程，目前两个纺织集团已全面投入生产，装备技术水平大幅提升。支持榆林羊毛防寒服产业发展，对已列入国家重点跟踪培育的服装家纺自主品牌企业榆林市蒙赛尔进行跟踪，企业的品种丰富度、品质满意度、品牌认可度明显提升。

（三）抓供给侧结构性改革，努力实现追赶超越

一是认真谋划制定本省"三品"专项行动实施方案，完成《陕西省消费品工业"三品"专项行动实施方案》编制工作。二是全面启动"三品"工程。召开全省消费品工业"三品"专项行动动员大会，建立省市联动机制，夯实责任主体，明确了推进供给侧结构性改革、实现追赶超越的重点任务、实施路径和工作目标，确保实施方案落到实处。三是"挖掘"产业发展潜能。深入开展智能卫浴产业调研，培育支持"洗之朗"智能马桶盖企业发展，力争 2020 年销售 200 万台，保持全国 35% 以上市场份额。积极组织地产品市场

占有率调研，进一步摸清底数，目前陕西省地产消费品占有率较 2010 年提升了 3 个百分点，地产品品牌知名度、影响力进一步提升。

## 三、存在问题

### （一）产业实力相对较弱

与消费品工业大省相比，陕西省消费品工业大而不强的问题依然突出。首先，缺乏在全国范围内具有影响力的产业集群和龙头企业。全国消费品工业领域 47 家国家新型工业化示范基地中，陕西省只有 1 家（杨凌农业高新技术产业示范区），且消费品工业总产值不足全省的 5%。其次，产业同质化现象严重。省内 1428 家消费品工业规模以上企业中，食品工业企业占 56.7%，且在所有食品工业企业中，仅谷物磨制和饲料加工就占到 23.1% 以上，企业同类、产品趋同现象严重，不利于消费品工业的发展壮大。

### （二）自主创新能力有待提升

陕西省消费品工业中小微企业数量较多，这些企业管理水平普遍不高，承受创新风险的能力不强，知识产权保护意识较淡，创新意识薄弱，"重引进、轻消化、重模仿、轻创新"的现象多有存在。此外，创新载体缺乏的问题比较明显。从轻工业看，全省轻工业企业共有技术研发中心 7 个，仅占规模以上工业企业技术中心的 1.3%，轻工企业与高等院校、科研院所存在脱节，产学研一体化体系建设滞后，科研成果的实际转换率不高。从食品工业看，大部分企业没有单独的技术部门或研发部门，部分外来企业主要集中在生产加工环节，企业发展规划、产品研发创新、市场拓展等均由总部统一管理，企业自主创新能力较弱，对产业发展的带动作用有限。

### （三）产业结构需进一步优化

陕西省消费品工业仍以传统产业为主，初加工行业占比较高，生物医药等新兴产业发展缓慢。食品工业中新资源食品、绿色食品、有机食品以及保健食品等有待开发。附加值较高的生物医药、高端医疗器械的比重明显低于全国平均水平。纺织工业中服装家纺和产业用纺织品占整个纺织工业的比重较低，特别是产业用纺织品和家纺行业，明显低于全国及江苏、山东、浙江等纺织工业大省。轻工业中塑料、造纸、日化等环境敏感型行业所占比重过高，产业发展的环境压力较大。

### （四）产业集约化发展水平不高

一方面，本省消费品工业企业组织形式多为独资，股份制和混合所有制形式的企业很少，家族式管理模式较为普遍，家具、医药行业这一现象尤其突出。这一模式下，企业普遍存在"小富即安"倾向，缺乏做大做强意识，运用现代管理理念、信息技术进行经营管理的能力严重不足。另一方面，轻工行业大量小微型企业受资金缺乏、贷款融资困难、经营理念落后等因素影响，装备升级和技术改造发展严重滞后。多数企业以传统、粗放的模式组织生产，产品质量难有保障，市场知名度和占有率较低。

## 四、对策建议

### （一）致力推动产业提质升级

认真贯彻落实全国工业和信息化工作会议精神，以及陕西省委、省政府明确的重点工作，按照"对接、谋划、研究、发展"的工作思路，以推进产业转型升级，培育新支柱产业为主要任务，积极实施品牌战略，发展品牌经济。通过跟踪服务项目建设，实施超销售奖励，打造医药产业新支柱，支持羊乳产业发展，培育健康食品产业，优化纺织工业布局，做优做强轻工业，促进产业结构调整和转型升级，推动陕西省消费品工业向产业链、价值链中高端的整体跃升。

### （二）协同推进"三品"战略

按照省级抓龙头、市级抓骨干、县级抓小而精致企业的思路，各市区、县工信主管部门根据实际，选择骨干企业和小而精致企业，给予优先扶持支持，形成省市县三级联动机制，共同抓品质、创品牌，扎实推进消费品工业"三品"专项行动落实，推进本省消费品工业迈上新高端。

### （三）加快培育引进龙头企业

围绕优势领域，以资产为纽带，推动龙头企业跨区域、跨行业进行兼并重组，促进省内企业与跨国公司的高位嫁接。鼓励龙头企业围绕未来发展战略进行技术并购，承担国家重大科技项目。重点培育西凤、石羊、银桥、本香、步长、力邦、伟志、杜克普、开米等知名品牌，重点打造 10 家销售收入过百亿元的企业，进一步提升省内消费品企业的综合竞争力。

**（四）加大宣传推广力度**

应进一步加大品牌培育宣传力度，多措并举宣传"陕西制造"，有条件的市、区可以在门户网站设立"三品"专项行动专栏或建立微信平台，及时宣传推进中的好做法好经验以及优秀企业家，充分调动企业积极性。鼓励企业在品牌宣传上下功夫，提升品牌价值内涵，扩大影响力。利用开展"三品"，"关中行""陕南行""陕北行"系列报道，推动陕西省优势特色产品走向全国。

# “三品” 战略篇

# 第九章 "三品"战略助推消费品 工业供给侧改革

目前，我国消费品工业核心竞争力和创新能力仍然较弱，不能完全满足消费者的需要，因此，国务院正式发布《关于开展消费品工业"三品"专项行动营造良好市场环境的若干意见》，明确了今后五年开展消费品工业"三品"专项行动营造良好市场环境的主要目标任务和保障措施。一是明确提到了到 2020 年的总体目标和 4 个方面的具体目标。二是提出了增品种、提品质、创品牌共计 12 项主要任务。三是提出了 7 个方面的保障措施。面对"三品"战略下消费品工业供给侧改革的实际需要，需要从以下几方面进行调整，一是推进产业结构调整，二是强化行业标准管理，三是鼓励企业研发创新，四是促进行业两化融合，五是促进行业两化融合。

## 第一节 背景介绍

我国生产的消费品中，有 100 多种产品产量居全球首位，消费品制造大国、消费大国和出口大国的地位名副其实。但客观地说，我国消费品工业核心竞争力和创新能力仍然较弱，不能完全满足消费者的需要，"消费外流"的情况较为严重。数据显示，2014 年和 2015 年，我国公民境外旅游消费金额分别达 1 万亿元和 1.3 万亿元，其中仅境外购物支出就占了一半左右。

因此，国务院正式发布《关于开展消费品工业"三品"专项行动营造良好市场环境的若干意见》（以下简称《若干意见》），要求以市场为导向，以创新为动力，以企业为主体，以实施增品种、提品质、创品牌的"三品"战略为抓手，改善营商环境，从供给侧和需求侧两端发力，着力提高消费品有效供给能力和水平，更好满足人民群众消费升级的需要，实现消费品工业更加稳定、更有效益、更可持续的发展。

## 第二节　主要内容

《若干意见》是党中央、国务院高度重视和关心支持消费品工业发展的结晶，是消费品工业转型升级时期的纲领性文件，为"十三五"期间消费品工业供给侧改革指明了工作方向。《若干意见》明确了今后五年开展消费品工业"三品"专项行动营造良好市场环境的主要目标任务和保障措施。一是明确提到了到2020年的总体目标和4个方面的具体目标。二是提出了增品种、提品质、创品牌共计12项主要任务。三是提出了7个方面的保障措施。

开展消费品工业"三品"专项行动营造良好市场环境，必须坚持三个基本原则。一是要坚持市场主体、政府推动，激活企业活力和创造力，营造公平竞争营商环境；二是要坚持改善供给、两端发力，促进供给升级和需求升级协调共进，推动消费品工业向高水平供需平衡跃升。三是要坚持创新引领、协调发展，健全创新激励机制，完善产业链条，推动消费品工业集约高效和均衡协调发展。

落实《若干意见》，一定要在扩大和满足消费需求的同时，加强供给侧结构性改革。一是坚持宏观政策要稳，协调落实积极的财政政策和稳健的货币政策，大力支持消费品工业实施"三品"战略。二是坚持产业政策要准，尽快完善相关产业政策，依法依规退出落后产能，降低产品库存，补上发展短板，扩大有效供给，优化产业结构。三是坚持微观政策要活，进一步推进简政放权、放管结合、优化服务，营造良好营商环境，降低制度性交易成本，建立全国统一、公平竞争的市场。四是坚持改革政策要实，完善市场准入，坚强市场监管，尽最大可能调动企业积极性，释放企业活力和消费者潜力。五是坚持社会政策要托底，发挥消费品工业作为民生产业的作用，尽可能地增加企业就业、增加职工收入、保障食品药品安全，最大限度地为小康社会建设，守住民生底线。

# 第三节　评价与启示

"三品"战略下推进消费品工业供给侧改革无疑具有重大的意义,具体表现在以下方面。一是在"增品种"上下功夫。引导企业加快研究开发新产品,开展个性化定制、柔性化生产,针对多样的需求提供个性化的产品,满足消费升级需要。注重环保、绿色产品的研发和应用,提高节能、降耗设备的供给能力,增加绿色产品供给。二是在"强品质"上求实效。以食品、药品等为重点,开展质量提升行动,加快国内质量安全标准与国际标准并轨,建立质量安全可追溯体系,建立商品质量惩罚性赔偿制度,加强市场监管,倒逼企业提升产品质量。三是在"创品牌"上做文章。鼓励企业实施品牌战略,支持企业通过研发核心技术,改进产品外观设计、包装质量与售后服务等,不断提升品牌的质量形象与市场竞争力。建立品牌培育评价机制,引导企业加强品牌宣传,着力培育一批具有国际影响力的品牌及一大批国内著名品牌。面对"三品"战略下消费品工业供给侧改革的实际需要,以下建议值得参考。

## (一)推进产业结构调整

一是继续淘汰落后和过剩产能,继续贯彻落实《国务院关于进一步加强淘汰落后产能工作的通知》《国务院关于化解产能严重过剩矛盾的指导意见》,重点针对粮食加工、肉类屠宰加工、发酵、酿酒、乳制品等严重产能过剩领域,建立健全产能监测预警机制和产能过剩退出机制,坚决淘汰能耗高、出品率低、环保不达标的落后产能;二是鼓励产业集聚发展,引导食品加工企业向产业园区集聚,加强原料供应、人才供给、物流配送等环节的配套建设,促进集群内企业专业化协作,实现优势互补、信息共享、协调发展;三是推进重点行业兼并重组,按照《关于加快推进重点行业企业兼并重组的指导意见》《国务院关于支持农业产业化龙头企业发展的意见》《推动婴幼儿配方乳粉行业企业兼并重组工作方案》的要求,鼓励优势企业通过联合、兼并、收购等资本运营方式做大做强,培育和组建一批竞争实力强、品牌认知高、辐射影响力强的大型企业和企业集团,提高产业的集中度,培育壮大自主品牌;

四是推动产业转移，在区域结构调整上抓住产业转移机遇，积极搭建产业转移平台，对接产业转移项目，引导具有技术优势的东部沿海地区食品加工企业到具有资源要素优势的中西部地区投资建厂，优化消费品工业区域结构。

**（二）强化行业标准管理**

一是整合相应标准，为促进消费品工业发展和提高质量安全水平，针对部分行业间业已存在的标准在技术内容上存在交叉和矛盾的情况，建议对相应的质量标准、卫生标准、农产品质量安全标准和农药残留标准等标准体系进行整合；二是推进相关标准的研究制定，加快消费产品国家标准和产品能耗定额标准、粮油机械标准、加工技术操作规程、生产企业设计规范等制（修）订工作，引导企业规范工艺流程、减少过度加工；三是加强相关标准的宣贯和培训，提升企业加强标准管理的意识，同时加大强制性标准的监督监管力度，确保企业严格执行相关标准；四是提高相关行业准入标准，重点针对儿童食品、高能耗加工等领域，完善健全相应的行业准入标准，提高能耗、水耗、安全等指标的门槛，淘汰关停不合格企业，进一步优化产业结构。

**（三）鼓励企业研发创新**

一是要注重人才培养，鼓励企业培养和吸引消费品工业高新技术人才，开展有针对性的培训，支持高校和科研院所加强相关专业教育和人才培养，建立合理的消费品工业专业人才流动配置机制，解决专业人才短缺问题；二是要加强国际交流与合作，充分利用跨国企业合资合作等可挖掘资源，尽可能多学习、引进、消化国际同行业先进技术；三是要加大科技投入，完善以企业为主的投融资体系，重点支持关键技术和设备的研发，重点支持消费品工业领域相关实验室的建设，重点支持具有自主知识产权产品的研发项目；四是要加强科研院所产学研成果转化，探索多种形式的产学研合作机制，兼顾发展基础研究、前沿技术研究与重大共性技术研究，着重解决科研成果与市场需求相脱节的矛盾，促进科技与产业的无缝衔接。

**（四）促进行业两化融合**

一是推进建设食品安全可追溯体系，以婴幼儿配方乳粉行业为切入点，针对乳制品、肉类、酒类等重点行业，开发、应用并推广具有覆盖种植养殖、生产、流通、销售与餐饮服务各个环节的可追溯信息系统，使食品的整个生产经营过程始终处于有效监管下；二是促进工业化和信息化深度融合，充分利用技术改造、物联网、云计算、信息消费等政策支持，特别是要借力"互联网＋食品"促进我国消费品工业转型升级，发散思维、科学谋划，寻求用互联网思维和方式开拓市场空间，实现品牌、产品、营销、运营的高度信息化，同时紧紧抓住《中国制造2025》实施的契机，大力发展具有自主知识产权的食品加工机器设备，促使行业向集成化、智能化、高端化发展；三是完善信息服务体系，充分发挥信息技术优势，引导行业协会、中介机构、高校、科研院所等积极参与综合性公共服务平台建设，为企业提供专业的信息化应用服务，促进消费品工业行业管理及服务体系与信息化管理及服务体系的融合。

（五）发挥行业协会作用

一是要充分发挥行业协会的桥梁纽带作用，行业协会作为政府、企业和市场之间的桥梁纽带，一方面要充分发挥协助政府参与行业管理、提供必要决策建议的作用，另一方面要充分发挥在国内国际市场活动中保护会员企业合法权益、维护公平竞争市场秩序的作用；二是要充分发挥行业协会的引导自律作用，要充分发挥行业协会推行行业自律，引导企业增强守法经营、诚信经营意识的作用，还要充分发挥行业协会在标准制定、防止行业内无序竞争、舆论引导的积极作用；三是要充分发挥行业协会的社会服务作用，依托行业协会在运行分析、数据统计、行业调研、技术咨询、贸易争端应对、人才培训、技术交流、法律服务等方面的特长和优势，向企业提供高标准和全方位的社会服务。

# 第十章 典型地区"三品"战略研究

本章以佛山市、苏州市、中山市、石家庄市、烟台市以及金华市六个典型城市为例，分别分析了六个城市消费品工业基本情况和推进消费品工业增品种、提品质、创品牌的"三品"战略相关举措，为全国其他城市加快推进"三品"战略提供借鉴。2016 年，六个城市消费品工业均保持平稳增长，在增品种、提品质、创品牌方面取得了显著成效。其中，佛山市主要从发展民族（地方）特色、增加新型智能家电、创立医卫用非织造新型纺织产业链、质量标杆、质量精准化管理、质量检验检测和认证，品牌创立、品牌服务体系、商标保护等方面积极推进"三品"战略。苏州市主要从创新研发、中高端消费品、智能健康消费品、苏州文化特色消费品、个性化供给，消费品标准、质量精准化管理、质量检验检测和认证、工匠精神，自主品牌、品牌营运能力、特色区域品牌等方面全面落实"三品"战略。中山市从工业设计水平、创新能力，现代质量监管体系、企业管理体系、技术改造，商标品牌发展规划、服务平台、国际化品牌等方面全力推进"三品"战略。石家庄市从精品供应、特色食品产业链、新材料纺织品、绿色消费品、地方特色消费品，对标行动、标准化提升、质量精准化管理、质量检验检测和认证，名牌产品培育、品牌服务体系、品牌国际化等方面实施"三品"战略。烟台市从自主知识产权产品、中高端消费品、智能绿色健康消费品，产品强质、质量对标、质量精准化管理、质量检验检测和认证，产品品牌、特色产业品牌等方面推行"三品"战略。金华市从高设计水平产品、个性化定制品种，"标准化＋"、全流程先进质量管理、质量检验检测认证和监督，地方传承特色品牌、品牌提升行动、国际竞争力等方面推进"三品"战略。

# 第一节　佛山市

## 一、基本情况

2016年，佛山市消费品工业规模位于广东前列，生产总值增长明显，但增长速度有所放缓，基本符合我国新常态下消费品工业发展一般情况。其中，轻工业、纺织工业发展速度下滑明显，食品工业受经济下行压力影响较小，医药工业和消费电子产业则增势良好。

2016年佛山市消费品工业总产值12369亿元，同比增长约7.1%，占工业总产值的比重为58.2%。其中轻工业总产值8822亿元，纺织服装行业总产值1203亿元，食品饮料行业总产值903亿元，医药工业总产值165亿元，计算机、通信和其他电子设备制造业总产值达1275亿元。

佛山在消费品工业领域一直积极增加投入，建成了一批产业集群区，如拥有"中国家具制造重镇"和"中国家具材料之都"称号的顺德龙江镇。同时，也扶持了一批优秀企业，如美的集团，排名2016《财富》中国500强榜单第39位，排名2015福布斯全球企业2000强榜第436位。同时还培养出一批闻名于外的优秀品牌，如九江酒厂双蒸酒的酿造技艺入选广东省非物质文化遗产名录，并获得"中华老字号"称号。佛山坚持在消费品工业领域发展新技术、开拓新产品、培育新品牌，如佛山市政府与国药集团的合作项目进展顺利，国药集团启动了在禅城区的"中国中药"总部基地建设项目，并全面完成了属下生产企业的新版药品GMP认证，启动了20多个拥有自主知识产权的新药研发项目。

佛山市消费品工业围绕增品种、提品质、创品牌进行有效探索，在创新驱动、两化融合的理念下，加快转型升级和结构优化。在家用电器、陶瓷建材、纺织服装、食品饮料、家具制造等优势传统领域培育了一批在国内外具有强大竞争力的企业。

## 二、"三品"战略

### （一）增品种

**1. 创新体系提高"增品种"能力**

作为"创新型国家十强市""全国科技进步先进市"，佛山在科技创新方面的投资持续加大，并确立了以企业为主体的创新体系，使得"增品种"能力大幅提高。

目前全市有国家创新型企业试点 2 家、省创新型企业试点 23 家、省创新型企业 31 家，作为强大的技术支撑服务于佛山市的产业优化升级。已建有的国家级、省级科技企业孵化器 27 个，众创空间 14 家，高新技术企业 716 家，居于全国同类城市前列。同时，对新建的产业技术创新平台和已有的研发机构，进行资源整合，成为支撑企业研发的重要平台，是"增品种"的重要保障。

**2. 鼓励发展具有民族特色、地方特色的新消费品**

立足佛山悠久的文化底蕴，传承发展一批传统工艺美术、文房四宝等产品。同时，创新发展一批特色食品、特色民族用品。在具有地方特色的文化传承方面加大发展力度，推广应用"众包"等新型创意设计组织方式，促进文化创意、民族特色及地方特色与"三品"融合发展，大幅度提高消费品的文化附加值。

**3. 推动增加新型智能家电发展**

依托佛山现有的一大批主营业务超百亿的知名家电企业，推动家电智能化。在节能环保、变频控制等关键技术领域的核心技术，构建绿色消费电子制造体系，加强绿色制造的理念和能力。引导企业在设计、制造、产品、渠道等领域拓展与互联网的融合，促进智能家电的快速发展。

**4. 创立医卫用非织造新型纺织产业链**

提出"医卫用为核心、生活用为重点、工业用为辅助"的发展思路，在"中国医卫用非织造产品示范基地"的带动下，引入国内外无纺布巨头及个人护理、卫生用品龙头企业，形成产业聚集，丰富产品种类。同时，推动"互联网＋"医卫用非织造产业的发展，实现研发设计网络化、生产自动化和智能化、管理数字化、营销电子化以及物流现代化，使得"互联网＋"医卫用非织造新型纺织产业链向绿色低碳、数字化、智能化和柔性化方向发展。

**（二）提品质**

1. 坚持质量标杆策略，开展国际对标

鼓励企业主动开展与国外中高端消费品对标，推进佛山市内消费品标准与国际标准接轨，主导或参与国际、国家标准的制（修）订，助力我国在消费品领域制定国际标准的话语权。围绕重点领域，建立标准联盟，积极抢占标准主导权，从而缩小与国际标准的差距。

2. 加强质量精准化管理

树立企业质量管理标杆，开展领先企业示范活动。强化企业主体责任，引导企业深入开展质量精准化管理。从原料采购到生产销售，实施全流程质量管控，开展自动化、智能化工厂技术改造，推广工艺参数及质量在线监控系统，重视产品性能稳定性以及质量一致性。推广先进质量管理体系，树立标杆企业，建设一批高水平的质量控制、技术评价实验室，研制消费品工业急需的计量标准，推进消费品工业领域国家级、省级产业计量测试中心的建设，推广覆盖产品全生命周期的精准化测量管理体系。

3. 提高质量检验检测和认证水平

加快发展第三方质量检验检测和认证服务，建立质量追溯管理体系专门认证制度，提高检测认证机构公信力。指导食品生产企业加强质量安全检测能力建设，重点支持医药企业通过国际通行认证。

**（三）创品牌**

1. 重视品牌创立，提高品牌竞争力

鼓励企业制定品牌发展战略，明确品牌定位，整合渠道资源，提高品牌竞争力。作为"中国品牌经济城市""中国品牌之都"，佛山孕育了许多全国甚至全球同行业的龙头企业。其中，产值超千亿的有 2 家，超百亿的有 12 家，超十亿的有 105 家，在全国形成了著名的"佛山制造"品牌。

2. 完善品牌服务体系，培育知名品牌

扶持品牌培育和运营专业服务机构，培育消费品品牌设计创意中心和广告服务机构。建立品牌人才培训服务机构，确立多层次的品牌人才培养体系。

完善品牌价值评估体系，为企业品牌创建提供咨询服务。利用重大品牌活动，培育具有国际渠道、拥有核心竞争力的品牌展览展示机构。推动佛山市内的中华老字号传承升级，实现标准化。

3. 注重商标保护

佛山市商标申请量及注册量连续居广东省前 3 位，注册商标年增长率达 30% 以上。拥有国家级别的"驰名商标"153 件，省级"著名商标"467 件，在省内名列前茅，工业品牌培育示范企业在全国同类城市也居于前列，其产业集群区域品牌建设在消费品工业领域已达到全国先进水平。

# 第二节　苏州市

## 一、基本情况

消费品工业是苏州市的重要支柱产业和传统优势产业。随着乡镇企业崛起和外向型经济、创新型经济的发展，苏州成为消费品工业实施"三品"战略的重要载体。近年来，全市消费品工业稳增长、调结构、抓质量、增效益，经济运行总体保持平稳增长的良好态势，转型升级步伐不断加快，满足消费升级需求。

规模总量不断扩大，"十二五"期间，全市消费品工业产值年均增长 10.9%，有效支撑了经济增长。2016 年，全市消费品工业实现工业总产值约 8014.6 亿元，其中纺织工业产值 3152.2 亿元、轻工业产值（不含食品）3685.2 亿元、食品工业产值 592.1 亿元、医药工业产值 311.1 亿元。

企业竞争力不断增强，"十二五"以来，全市消费品工业逐步形成门类齐全、上下游配套完整的产业体系。截至 2016 年底，全市消费品工业规模以上企业已突破 3853 家，5 家纺织服装企业进入中国企业 500 强。

结构调整成效显现，"十二五"期间，全市消费品工业累计重点支持推广应用 21 项新技术新产品，实现销售产值约 3100 亿元；累计完成技术改造投资约 4000 亿元，占全市工业投资的 25%；全市消费品行业两化融合发展水平指数均高于全国同行业平均水平 20% 以上，高于全市两化融合平均指数 5% 以上；超额完成淘汰低端和落后产能任务，行业技术水平显著提高。

苏州市消费品工业围绕增品种、提品质、创品牌，以"制造强市"为目标，聚焦产业转型升级与结构优化，大力推动全市消费品工业提质增效。

## 二、"三品"战略

### （一）增品种

**1. 加强创新研发增品种**

积极实施创新驱动战略，大力促进企业产品创新能力提升。全市消费品工业共有 2 家企业（恒力集团和盛虹集团）被列为国家技术创新示范企业。在轻工行业中，多个品类发布新品数量及产量均位居全国城市首位。

**2. 增加中高端消费品供应**

紧密围绕消费需求旺盛、与群众日常生活息息相关的消费品，推出一批科技含量高、附加值高、设计精美、制作精细、性能优越的精品。发展中高端服装鞋帽、手表、家纺、化妆品、箱包、珠宝、丝绸、旅游装备和纪念品等消费品，进一步提升婴幼儿配方乳粉、厨卫用品等生活用品的有效供给能力和水平。同时，适当降低低端消费品比重，促进产品向高性价比转变。

**3. 鼓励发展智能、健康消费品**

顺应智能化发展趋势，积极开发智能节能家电、智能照明产品、智能电动自行车、平板电脑、智能手机、数字电视、服务机器人、可穿戴智能产品、消费类无人机、智能音箱、智能化计量器具、虚拟现实产品、智慧医疗产品、康复辅助器具、健身产品、传统特色食品、传统工艺美术品、营养健康食品等消费品。注重在婴童用品领域试点实施增品种建设项目，利用原有优势，提升健康消费品的供给能力和水平。

**4. 发展苏州文化特色消费品**

传承苏州古文化，发展一批具有文化特色的传统工艺美术、文房四宝等产品；鼓励发展一批苏州传统特色食品；传承保护苏州特有的传统丝绸、刺绣文化，研究设计一批具有苏州文化特色的服饰。突出苏州本地特色产业和特色产品，做精做强特色消费品产业，不断扩大"苏"元素特色产品生产规模，促进高端资源要素向特色产品研发生产领域集聚，注重特色创意设计，凸显历史文化传承。

5. 增加消费品企业个性化供给

依托"互联网＋"，增加定制化、个性化的产品，推动消费品工业升级。利用互联网，将企业的生产运营环节与市场消费环节自动性地串联起来，推进消费品企业个性化定制和柔性化生产。在此基础上，鼓励企业进行定向设计与开发，由此形成一种市场驱动研发并牵引制造的一种生产模式，即 C2M 模式，也就是所谓的端（消费者）到端的（制造商）的生产模式。

### （二）提品质

1. 加快采用更高要求的消费品标准

鼓励和引导企业采用国际标准或对照国际先进标准组织生产，提升产品质量。鼓励并支持行业龙头企业主导和参与国际标准、国家标准、行业标准的制（修）订。引导企业通过标准化流程掌握核心技术。

积极开展国际对标，推进苏州市消费品标准与国际标准接轨。引导重点消费品企业参照国际先进标准组织生产，逐步缩小与国际标准差距。积极开展仿制药一致性评价，全面提升仿制药质量水平。支持标准化技术机构主导或参与国家、国际标准化工作，提高苏州市在参与制定消费品领域国内、国际标准时的话语权。

充分发挥市场机制和企业主体作用。积极建立政府主导与市场自主制定标准协同发展、协调配套的新型标准体系。紧扣消费品质量安全因素，认真落实国家标准，全面实现内外销产品"同线同标同质"。建立企业标准领跑者机制，支持社会团体、企业自主发展优于国家和行业的标准。支持企业产品和服务标准自我声明公开，建立监督机制，接受社会公众监督，强化企业质量改进的内生动力和外在压力。

2. 增强质量精准化管理水平

引导企业深入开展全面质量管理，在消费品生产、销售的各个环节进行全流程质量管控，利用自动化、智能化新技术对工厂进行技术改造，推广工艺参数及质量在线监控系统，提高产品性能稳定性及质量一致性。

推广先进质量管理模式和管理体系，树立质量标杆企业。建设一批高水平的消费品质量控制和技术评价实验室。研制消费品工业急需的计量标准，推进消费品工业领域国家产业计量测试中心建设，推广覆盖产品全生命周期的测量管理体系。制定实施消费品标准化和质量提升规划。

3. 推进质量检验检测和认证

大力发展第三方质量检验检测和认证服务，探索建立质量追溯管理体系专门认证制度，努力提高检测认证机构公信力。支持重点消费品企业采用和参与制定国际质量检验检测标准，推行产品认证制度，推动质量检验检测和认证结果与技术能力国际互认。指导食品生产企业加强质量安全检测能力建设，重点支持医药和婴幼儿配方乳粉企业通过国际通行认证。

4. 培育精益求精的"工匠精神"

强化职业培训，奠定产生"工匠精神"的人力基础。整合再教育资源，强化职工教育和技能培训，支持企业建立企业内部培训与再教育机制，形成以企业为主体、高等院校为基础、政府推动与社会力量相结合的劳动者终身职业培训体系。

健全政策措施，形成培育"工匠精神"的保障机制，完善技术工人培养、评价、使用、考核机制。

强化价值激励，营造尊崇"工匠精神"的社会文化。大力发展先进企业文化和职工文化，建立激励机制，公开评选表彰杰出技能人才，塑造正确劳动价值观念，增加对行业优秀技能人才的社会认同和尊重，推动"工匠精神"成为引领社会风尚的风向标。

### （三）创品牌

1. 支持创立自主品牌

强化企业品牌发展和竞争意识，开展企业示范创建活动，每年培育 5 家以上苏州市消费品工业"三品"示范企业。

加强品牌创建基础建设。完善重点企业大数据平台，从而增强品牌创建支撑能力。同时，培育 4—5 家品牌建设中介服务企业，建设 10 家品牌专业化服务平台，为企业品牌建设提供创意设计、营销推广、咨询评估等服务。

2. 提高品牌营运能力

加大品牌市场、媒体、网络等多渠道营销投入，支持企业自建或共建连锁店、专卖店、体验中心，利用京东、淘宝等大型互联网平台，建设网上销售与服务平台，搭建自营微信微商城、官网 E 商城等购物平台，建立多层次的品牌销售渠道，提升品牌影响力。强化企业道德经商，赢得口碑和商誉，搞好售后服务，提高企业信誉和消费者对品牌的好感度。

3. 培育特色区域品牌

大力发展具有"苏"元素的特色区域品牌，提升苏州消费品工业企业的市场竞争力和发展潜力。打造制造商和产地声誉，塑造产地形象。利用国内外各种展会、博览会扩大区域品牌影响力，打造"苏州制造"的良好形象。

# 第三节　中山市

## 一、基本情况

中山始终坚持产业发展优先，先后实施了"工业立市""工业强市""先进制造业和现代服务业双轮驱动""商标品牌战略"及"创新驱动"等一系列重大战略，形成了以产业集群为主要载体，战略性新兴产业（如新能源、高端新型电子信息、高端装备、LED、生物医药、海洋工程等）、优势传统产业（如电器机械、金属制品、纺织服装、家具、食品等）和现代服务业（如物流、金融、设计、电子商务等）协调发展的产业格局。消费品工业（含轻工、纺织服装、食品饮料、健康医药及消费电子业）已经成为中山市的支柱和优势产业。

2016 年，在经济新常态下，中山市的消费品工业保持了健康平稳增长。2016 年，中山市地区生产总值（GDP）达 3202 亿元，增长 7.8%。消费品工业（含轻工、纺织服装、食品、健康医药、消费电子业）作为中山市重要的民生产业和传统优势产业保持了健康平稳较快增长，稳中向好。其中轻工业增加值达 749.2 亿元，同比增长 3.8%，占工业增加值 5 成以上。规模以上消费品工业中，纺织服装业增加值 78.9 亿元，同比增长 1.2%；食品制造业增加值 66.2 亿元，同比增长 4%；医药制造业增加值 46.3 亿元，同比增长

4.7%；消费电子业增加值 188 亿元，同比增长 12.3%。2016 年全年，中山实现社会消费品零售总额 1205.84 亿元，同比增长 11.0%。其中，限额以上单位消费品零售额 515.30 亿元，同比增长 8.9%。

中山市已经形成了以家居产品为主的比较健全的消费品工业产业体系，涵盖了轻工、纺织服装、食品饮料、健康医药和消费类电子等产业，产品能够满足消费者吃、穿、用等需求。在增品种、提品质、创品牌等方面进步显著。

## 二、"三品"战略

### （一）增品种

1. 推出工业设计水平高的品种

支持消费品工业企业提升工业设计能力。利用中山市灯饰、金属制品、家用电器、服装家具等优势传统产业的龙头企业，组建工业设计中心。鼓励企业通过资源整合，加大设计投入，利用大数据、云平台等对消费品营销数据进行数据挖掘，支撑其开展外观设计、结构设计、功能设计，推出设计水平高的产品。

2. 提高创新能力，增加重点领域的品种

支持消费品工业企业先行投入开展重大产业关键共性技术、装备和标准的研发攻关。鼓励企业通过自主研发、引进先进技术装备消化吸收再创新，形成自主知识产权。大力推进"互联网+"与消费品工业深度融合，实施智能制造创新工程，全面提升消费品工业产品、装备、生产、管理和服务的智能化应用水平。重点开展和利用新技术、新设备、新工艺，力争在灯饰、生物医药、食品等领域实现重点突破，推出一批科技含量高、附加值高、性能优越的精品，进一步提升消费品工业在全球产业价值链中的地位。

强化消费品企业研发创新投入力度，充分发挥人才、资本、信息、技术等创新要素在企业技术创新活动中的积极作用，重点开展和利用新技术、新设备、新工艺，加快传统产业升级改造。

### （二）提品质

1. 构建现代质量监管体系

以质量管理体制机制改革创新为引领，构建以企业主体责任落实为核心、权益保护为基础、保险救济和社会救助为保障、质量检测和安全风险监测与评估为技术支撑、政府监管为一般强制的现代质量监管体系。

2. 支持企业建立完善的企业管理体系

鼓励大中型企业设立首席质量官，实施企业岗位质量规范与质量考核制度，大力推行质量安全"一票否决"和"工程质量终身负责制"。进而督促帮助企业建立和完善质量管理体系、环境管理体系、职业健康安全管理体系等并通过相关认证。从产品设计、原辅材料供应商评价、原料进厂、生产加工到产品检测、出口售后服务等各环节，全部覆盖在管理体系之下，并有效运行。

3. 推动技术改造，提高产品品质

不断修订完善促进企业技术改造的政策和措施，引导企业进行技术改造升级。深化以智能化改造为抓手推进"机器人应用"工程。推动生产装备智能化，鼓励企业引进高精度、高性能、自动化、智能化设备。大力支持企业通过信息技术、数字技术等先进技术，对工艺流程进行再造，加强过程控制，实现精益生产，提升产品品质。

**（三）创品牌**

1. 制定商标品牌发展规划

结合中山市商标品牌战略发展现状，明确发展目标，厘清消费品工业、服务业品牌与经济发展之间的关系，结合未来商标品牌战略发展的重点方向和领域，提出与之配套的政策体系，推动商标品牌战略科学有序实施，进一步推动企业对于品牌创立的积极性。

2. 打造商标品牌服务平台

加大服务平台专业人才及专业机构的培养和引进，支持商标代理、交易、咨询、评估、法律服务等服务机构落户中山市商标品牌服务中心，大力支持国内外知名从事品牌策划、品牌咨询、品牌整合、品牌保护等服务机构落户中山市商标品牌服务中心，发挥商标品牌中介服务的保障促进作用，为中山市企业创立品牌提供便利。

3. 创立国际化品牌

引导企业实施"走出去"战略。鼓励有实力的企业积极进行商标国际注册，在国际贸易中使用自主商标品牌，逐步提高自主商标品牌的出口比例，打造国际化品牌。鼓励企业积极应对海外商标纠纷，建立健全海外维权投诉和救济渠道。

# 第四节　石家庄市

## 一、基本情况

2016 年，消费品工业在全市经济发展中的带动作用、支撑地位和发展潜力显著增强，结构加快优化提升，形成了纺织服装、生物医药、轻工、食品和消费类电子完整的消费品工业结构，消费品工业规模以上企业数和规模以上企业完成工业增加值占全市的比重均超过 40%。

各项政策持续发力，石家庄市政府相继出台了《关于深入推进〈中国制造 2025〉的实施意见》《石家庄市推进供给侧结构性改革实施方案》《石家庄市加快全市乳粉业发展实施意见》《石家庄市加快生物医药产业发展的实施意见》《石家庄市加快电子信息产业发展的实施意见》等政策文件，编制了《石家庄市工业转型升级与布局优化"十三五"规划》《石家庄医药工业"三年滚动发展"规划纲要》。建立了企业扶持绿色通道，加大财政支持力度，落实税收优惠政策，从土地、财税、信贷、融资、投资等方面为全市消费品工业稳步健康发展提供了有力支撑。

生产效益大幅提高，全市（含辛集市）2016 年消费品工业规模以上企业完成工业增加值 1067.9 亿元，同比增长 4.2%，实现主营业务收入 4887.1 亿元，同比增长 2.5%，实现利润 431.6 亿元，同比下降 2.4%（因烟草制品业下降 66.5% 拉低）。其中，生物医药、纺织、轻工分别完成主营业务收入 765.8 亿元、2172.9 亿元、595.3 亿元，同比增长 2.2%、4.3%、5.3%；食品、消费类电子主营业务收入分别达到 1055.6 亿元、297.5 亿元，增速与上年基本持平。

优势企业取得突破，按照"抓龙头企业、抓重点行业、抓高新产业、重质量效益、重发展潜力"的原则，筛选确定了全市工业50强重点企业给予政策支持。培育了华北制药集团、石药集团、以岭药业、神威药业、石家庄四药、君乐宝等20家龙头企业。拥有年主营业务收入超100亿元企业2家、超50亿元企业5家、超10亿元企业16家。其中华北制药集团、石药集团双双进入中国500强，华北制药集团、石药集团、以岭药业、神威药业4家医药企业跻身中国医药工业百强，常山纺织、君乐宝乳业分别进入中国纺织业和中国奶业20强。

投资力度不断加大，依托优势产业和龙头企业，着力增加工业技改投入。消费品工业近三年累计完成技改项目84个，完成技改投资152亿元，争取国家和省专项资金支持4.6亿元。

全市消费品工业发展迅速，在"增品种、提品质、创品牌"方面有着长足的进步。

## 二、"三品"战略

### （一）增品种

1. 增加消费品精品供应

在食品、服装、家电、皮革、家具、五金制品等行业发展个性化定制（O2O）、云制造等新型制造模式，促进生物医药、光学电子等高成长性制造业创新提升。开展产品与装备智能化行动，推动柔性化生产，鼓励企业开发电子商务系统和网络营销平台，打造"研发—生产—销售—信息"一体化平台，开展产品网络定制，丰富消费品种类。

2. 发展特色食品产业链

加快乳品加工基地建设，推进乳制品产业牧草种植、奶牛养殖、生产加工一体化进程。支持君乐宝乳业振兴婴幼儿配方奶粉，研发针对儿童、中老年人等特殊人群的优质乳品，打造全国婴幼儿奶粉一线品牌。依托君乐宝乳业、三元食品、双鸽、洛杉奇、益海粮油等龙头企业，重点发展乳制品深加工、风味肉制品、高档调味品等三大特色产业链，在酸乳、母婴奶粉等方面开展技术研发和合作，同时建设一批低温、休闲肉制品和高端餐饮调味料加工项目。推进传统食品生产加工的现代化进程。提高绿色食品、保健食品等高附加值产品的比重，加快构建质量安全、绿色生态、竞争力强的现代食品产业体系。

3. 发展新材料纺织品

围绕高档服装、家纺产品、产业用纺织品等领域，加强中高端运动服、西装、鞋帽以及家纺等产品的开发和供给，重点研发新纤维材料以及医用、防护、阻燃、防辐射等特种纺织品，融合电子、信息、网络与纺织加工技术，开发具备多种功能的智能纺织服装产品，推动整个产业朝着结构优化、技术先进、附加值高、吸纳就业能力强的方向发展。

4. 研发新材料，发展绿色消费品

围绕多功能、高性能塑料新材料、绿色环保助剂的开发及微成型技术的研发和应用，以鸿业塑胶、保尔希塑胶、鑫尔乐医疗器械等企业为龙头，大力发展应用于新能源、生物医药等领域新产品，扩大塑料制品在汽车、光电通信、精密机械等领域的应用范围，加大对塑料加工设备精密化、智能化改造，推进塑料加工行业加快向功能化、轻量化、微成型、生态化方向发展。

5. 发展地方特色消费品

注重传统工艺美术产品和技艺的保护与传承，推动工艺美术生产企业提高技术创新能力，积极开发更多体现地域性、民族性与传统特点，又融入时尚装饰、收藏鉴赏等现代理念和功能的新产品、新品种，提高产品文化内涵和附加值，大力支持藁城宫灯、晋州铜浮雕、新乐博敦彩烙、赞皇原村土布、井陉艺术剪纸等具有浓郁石家庄特色的工艺品创新发展。重点扶持中乌合资思琪诺纯欧式精品香肠、赵县雪花梨、鹿泉香椿、九维生物红枣多能提取液、绿诺食品鲜榨雪梨汁、赞皇蕊源蜂业、灵寿五岳寨矿泉水、"冀窖"系列白酒、洛杉奇金凤扒鸡、真定府马家卤鸡、西柏坡无花果叶富硒茶等地方标志性特产。开发具有地域特色的健康旅游商品，加速特色商品的产业化和市场化，推动传统特色产品向创新创造转变。

（二）提品质

1. 开展消费品对标行动

围绕自主创新、技术改造、质量品牌、两化融合、管理创新、节能降耗、循环经济等重点领域，开展质量标杆和领先企业示范活动，鼓励企业制定高于国家标准、行业标准的企业标准，以技术标准促进产品质量提升。支持产业联盟、产业集群企业和行业协会制定联盟标准等团体标准，引导企业瞄准国内行业龙头和国际知名企业，开展质量对标达标行动。建立"建标、对标、追标、创标"一体化系统，积极开展对标培训咨询活动，形成与国际接轨的生产质量体系，培育和发展对标示范企业和管理创新示范企业。引导重点消费品企业参照国际先进标准组织生产，逐步缩小与国内外先进标准差距，促进"石家庄造"产品品质提升。

2. 实施消费品制造业标准化提升工程

以产业链延伸、对接、产品升级换代为重点制定消费品行业地方标准，打造"标准化＋先进制造"模式，争取主持或参与相关国际标准、国家标准、行业标准制定工作，全面提升消费品工业标准化水平。支持消费品生产企业开展技术标准创新活动，以标准化为手段推动科技成果转化。开展消费品生产企业标准化良好行为创建活动，指导企业建立科学适用的企业标准体系。跟踪收集国际国内标准化发展最新动态，及时为消费品生产企业提供标准化信息服务。

3. 开展质量精准化管理提升行动

支持企业优化生产流程、实施精细化管理、应用先进技术装备、加强产品质量控制。强化食品企业建立和实施 ISO22000、HACCP、CMS 等认证体系，推动药品生产企业严格执行新版 GMP 要求，切实提高企业质量管理能力和产品可靠性。支持医药和婴幼儿配方乳粉企业通过日本、欧美等国家通行认证。完善婴幼儿配方乳粉、婴童用品等行业质量管理体系。在食品、生物医药、日用消费品等重点领域，强化消费品企业质量主体责任与质量安全意识，全面推广产品全生命周期管理信息系统，引导企业建立健全企业内部质量安全控制体系，支持企业开发应用全产业链的电子信息追溯系统，实现从产品研发设计、生产制造、销售到售后服务的全流程质量管控。

4. 开展质量检验检测和认证水平提升行动

加强检验检测服务体系建设，夯实检验检测技术基础，提升消费品领域的检验检测机构能力水平。建立检验检测公共服务平台，提高具有公益性和社会第三方平台的地位、市场化运作的公共检验检测技术服务平台，探索建立与国际接轨的检验检测认证标准和规范。加强质量监测能力建设，探索建立符合市场规律、信用水平高的新型产品安全检验检测认证体系。在食品、药品、家电等重点领域实施质量追溯制度，完善产品质量监督管理机制，保证重点消费品质量安全。建立质量黑名单制度，强化企业质量主体责任，加大对质量违法和假冒品牌行为的打击和惩处力度，切实提高产品质量。

**（三）创品牌**

**1. 实施消费品名牌产品培育计划**

落实国家《制造业质量品牌提升三年行动计划》，围绕实施河北省千项新产品开发、千项名牌产品培育"双千"工程，加强品牌培育创建，打造"石家庄市"名片。完善名优品牌培育机制，鼓励和支持企业争创省名牌产品和省中小企业名牌产品、驰名商标，发展特色产业和百年老店，推进多种形式的品牌发展模式。引导企业增强品牌意识，支持鼓励有条件的企业，采取收购、兼并、控股、联合以及委托加工等方式，打造企业品牌、行业品牌、集群品牌和特色县域品牌。深入推进国家和省级"知名品牌创建示范区"建设，培育壮大一批区域品牌和骨干企业。积极组织企业参加各类网上交易会、线上展销会，帮助企业拓展国内外市场。加强品牌宣传，营造品牌建设氛围。

**2. 完善品牌服务体系**

依托京津品牌资源和市场化优势，扶持一批品牌培育和运营专业服务机构，引进和培育一批具有较强影响力的消费品品牌设计创意中心和广告服务机构。建立品牌服务平台，开展自主品牌评价工作。支持利用互联网开展线上品牌管理咨询、网络市场推广等服务。建立品牌人才培训服务机构，形成多层次的品牌人才培养体系。发展一批专业化和国际化水平较高、规模效益较好、知名度和影响力较大的品牌展会，鼓励开展国际性展会、大型国际性会议及专业展览，搭建名优品牌的宣传和推广平台，助推企业扩大市场占有率和品牌影响力。

**3. 推进品牌国际化**

支持企业注册境外商标、收购国外品牌以及申请国际认证等，大力提高产品的国际知名度和影响力。鼓励并扶持重点骨干企业积极参加国际知名展会。支持行业龙头企业建立国际营销网络，以品牌和服务拓展国际营销渠道。

完善以贸易、会展、物流及传媒为主的时尚产业配套体系，构建良好的信息、贸易、交流平台。通过与发达经济体的全方位产业合作，在战略、管理、品牌、设计、生产等环节实现资源的全球化配置，提升品牌国际影响力。

# 第五节 烟台市

## 一、基本情况

2016年，全市规模以上工业主营业务收入、利润均居山东省首位，主营业务收入由全国大中城市第9位上升到第8位。其中，消费品工业基础雄厚，门类齐全，特色明显，优势突出。全年实现主营业务收入6598亿元，利润443.2亿元，分别占全市工业的40.5%、37.9%，为烟台市工业的赶超进位提供了强有力的支撑。

轻工业，全市规模以上企业共282家，轻工行业是烟台市的传统优势行业，产业体系完整，门类齐全，主要包括钟表、工艺美术、制锁、合成革、家具、塑料、造纸、包装、家电等行业；纺织工业，全市规模以上企业192家，初步形成了以毛纺织及印染精加工、棉纺织、特种化纤及印染精加工、家用纺织制成品、针织编制及制品、机织服装、针织服装为主的产业体系。综合实力居全省第二位；食品工业，是烟台市消费品行业的优势产业，全市规模以上企业487家。烟台是全国3个"中国食品名城"之一、亚洲唯一的国际葡萄·葡萄酒城、北方最大的水产品加工基地、北方最大的果蔬生产和加工基地；医药工业，全市医药制造业规模以上医药生产企业41家，形成以现代中药、化学制药、生物制药、医疗器械等为主体的医药产业体系；消费类电子工业，规模以上企业231家，主要产品有手机、液晶电视、笔记本电脑、节能灯、冰柜、电线、手机电池、光纤、微电机开关等。

烟台市已经建立了完整的消费品工业产业体系，尤其是在增品种、提品质、创品牌等方面有了显著的成果。

## 二、"三品"战略

### (一)增品种

1. 增加具有自主知识产权的品种

建立了以企业为主体、市场为导向、政产学研用相结合的协同创新体系，增加一批拥有自主知识产权、高附加值的消费品领域创新产品，以开发区、龙口市、莱州市为重点，引导企业增强战略性新型产业的原始创新能力和重点领域的集成创新能力，扶持一批有特色、有市场、有优势的消费品制造业企业做大做强。

2. 增加中高端消费品供给

满足现代消费升级的需求，设计开发一批个性化、方便化、功能化、绿色化、时尚化的产品，在重点行业积极推进个性化定制、云制造等新型制造模式。推出一批科技含量高、制作精细、设计精美、性能优越的精品，进一步提升消费品工业在产业价值链中的地位。着力发展手表、丝绸、珠宝、化妆品、旅游装备和纪念品等中高端产品。重点引导代工企业由贴牌生产转向自主研发、生产，创新自有品牌。

3. 增加智能、绿色、健康消费品供给

大力发展智能家居、智能家电、可穿戴设备、智慧医疗、智能安防等智能消费类产品研发和产业化，实现智能产品的规模化、高端化、体系化供给。重点发展营养与保健食品、特殊膳食食品，以及有市场需求、营养搭配合理的新型食品，满足高层次的消费需求。引导医药企业对已有产品开展各种形式的微创新，满足多层次、个性化市场需求。重点扶植家用医疗器械的产品改进，满足自我健康管理等健康需求。积极研发功能健康食品，特别是海洋糖类、海洋小分子等创新保健药物。

### (二)提品质

1. 实施产品强质工程

明确企业质量主体责任，引导企业树立质量为先、信誉至上的经营理念，夯实质量发展基础，推动大众消费品生产的"品质革命"。确定目标，到2017年，主要消费品领域与国际标准一致性程度达到95%以上，大幅提高重点行业质量竞争力指数，纺织、轻工国际标准的采标率分别提高 10 个百分点。

2. 推动质量对标提升行动

建立健全质量控制和标准化生产体系，加强质量保障能力建设。鼓励企业在研发设计、生产工艺、质量管理、品牌建设、节能减排等方面与国内外先进标准对标，探索建立与国际接轨的生产质量体系。引导和支持婴幼儿配方乳粉等重点产品达到或超过国际质量标准。全面提升基本药物质量水平，支持新机制和新靶点化学药、抗体偶联药物、全新结构蛋白及多肽药物、新型疫苗等生产企业开展药品和生产线的国际化认证工作，提高质量标准，开拓国际市场。

3. 加强质量精准化管理

弘扬"工匠精神"，满足消费者对高品质消费品的需求。全面推广 ISO9000、卓越绩效、六西格玛、精益生产、质量诊断、质量持续改进等全方位、多层次的先进质量管理技术和方法。对于不同消费品产业，实施精准化管理。在食品企业建立和实施 ISO22000、HACCP、CMS 等认证体系；对于药品生产企业，严格执行新版 GMP 要求；对于婴幼儿配方乳粉企业，支持申请日本、欧美等国家通行认证。同时，在日用消费品、生物医药、食品等重点领域，实行产品全生命周期管理信息系统，实现产品的全流程质量管控。

4. 提升质量检验检测和认证水平

引导企业开展质量、职业健康、能源管理体系等认证，将申报企业管理体系建立运行情况纳入市长质量奖评审考核范围。加强专用装备和检测仪器设备自主化和公共服务平台、质量安全检（监）测能力建设，推动一批高水平的覆盖纺织、食品、轻工等主要行业的第三方检验检测机构建设。建立符合市场规律、信用水平高的检验检测认证服务体系，提升服务品质，满足企业检验检测需求。发展检验检测机构的质量管理（QC）小组活动，对影响检验检测质量的所有要素进行全方位、全过程的有效管理和控制。强化企业食品药品安全检验检测能力建设，提高产品质量的一致性和稳定性，确保质量安全。

**（三）创品牌**

1. 创建企业产品品牌

引导企业进一步强化产品品牌竞争意识，加大品牌建设投入，打造烟台制造业品牌新优势，努力振兴烟台传统品牌北极星、三环等。支持企业积极运用互联网技术及新型品牌运营模式，调整品牌培育策略。强化杰瑞、鲁花等优势品牌的培育。鼓励企业制定品牌发展战略，组织开展消费品工业企业品牌培育试点，加强对试点企业技术指导和扶持，提高企业品牌培育能力。重点引导和支持花生油、葡萄酒、手机、毛衫等优势产业领域有一定品牌影响的生产企业，借助电商平台，进一步提高品牌认知度。全力打造万华、南山等国际品牌。鼓励企业开展国际交流合作，主动融入国家"一带一路"发展战略，主动申请国际专利、国际认证、商标国际注册等，形成外贸自主品牌；鼓励消费品工业外向型企业实施"走出去"战略，提高品牌产品出口比重，开拓国际市场；支持消费品企业收购国外品牌，购买品牌商标使用权，提高对国际市场把控力。

2. 创立特色产业品牌

鼓励各县市区立足资源优势、发挥比较优势，确立各具特色的主导产业，创立特色产业品牌。打造以招远为中心的粉丝产业聚集带、以蓬莱为中心的葡萄酒产业聚集带、以莱阳为中心的食品加工聚集带、以海阳为中心的毛衫加工聚集带等一批特色产业聚集带，强化产业带的品牌意识，提升特色品牌在国内外影响力。依托 2 个国家级、9 个省级新型工业化产业示范基地，结合区域产业特色，加快品牌产业集群的培育，发挥龙头企业、知名品牌的引领作用，提高区域产业综合品质，加快培育一批特色鲜明、知名度高、美誉度好的消费品工业知名区域品牌，提升消费品工业区域品牌价值。

# 第六节　金华市

## 一、基本情况

金华市消费品工业基础较好，形成了以轻工、纺织为主的产业格局，成为全市的主导产业，各项指标均居全国同类城市前列。2016 年，全市消费品规模以上主营业务收入达到 2300 亿元、利润总额 1300 亿元、出口交货值 750

亿元。全市消费品工业领域现有 14 家上市公司，其中 2015 年销售收入在 5 亿元以上的企业 27 家、10 亿元以上的企业 10 家、50 亿元以上的企业 1 家，涌现出三鼎控股等一批龙头企业。

金华市消费品工业紧紧围绕"增品种、提品质、创品牌"开展多方面工作，在消费品工业各领域有了显著进步。

## 二、"三品"战略

### （一）增品种

1. 增加高设计水平的产品

依托中国五金产品工业设计大赛等高水平比赛，引导企业注重工业设计，在女装、家纺、毛衫、袜业等行业建设一批时尚创意设计示范试点园区，提供高设计水平的产品。实施设计创新工程，加快永康五金工具、义乌小商品两大省级工业设计基地建设，推出一批工业设计水平高的小商品。2016 年重点建设市本级小机电工业设计基地，2017 年重点建设浦江水晶产业设计园、兰溪时尚纺织设计园，引导全市消费品工业供给设计水平高、产品附加值高的品种。

2. 增加个性化定制品种

充分发挥互联网优势，挖掘消费者需求，融入产品设计和生产过程，对产品外观、性能进行个性化创造。引导企业改造现有生产线和组织管理方式，在家电家具、纺织服装、食品等行业推进 5 个左右省级个性化定制示范企业试点。依托有实力的企业，利用现代信息技术，在五金、纺织、电子消费品等领域提供个性化、定制品种。

### （二）提品质

1. 实施消费品行业"标准化＋"行动计划

引导全市消费品制造企业采用高于国内标准进行生产，支持有能力的企业开展与国外中高端消费品对标，并参照国际先进标准组织生产。在五金、时尚服装等行业开展国内外中高端消费品质量品质比对，缩小与国际标准差距，提高重点领域主要消费品与国际标准的一致性。

2. 开展全流程先进质量管理推广行动

严格落实企业质量安全主体责任，明确法人对质量安全负首要责任、企业质量主管人员对质量安全负直接责任的制度。鼓励消费品制造企业建立全员、全方位、全过程的质量管理制度，将质量管理前延后伸到原料生产、物流销售等环节，实现全流程质量管理控制。鼓励企业进行先进质量管理、食品安全控制等体系认证。对于重点行业，开展工艺优化行动，提升关键工艺过程控制水平。

3. 加强质量检验检测认证和监督管理

加快国家五金工具及门类产品质检中心、3D打印应用研究院等相关研发设计和检测中心建设，为工具五金发展提供支撑。鼓励企业引入质量在线监测控制、产品全生命周期质量追溯系统。引进和培育一批专业的第三方质量检验检测和认证服务机构。鼓励重点消费品企业采用国际质量检验检测标准，推行产品认证制度。健全质量监督检查和责任追究制度，强化流通领域商品质量监管。

**（三）创品牌**

1. 打造一批具有地方传承特色的品牌

以新理念、新机制、新元素推进消费品产业集聚，培育建设一批工业领域特色小镇，打造具有地方传承特色的品牌。围绕中药材研制开发，重点建设磐安江南药镇；围绕牛仔裤上下游产业和牛仔文化，重点建设兰溪牛仔风情小镇；围绕红木、工艺品、竹编等加工和展示，重点建设东阳木雕小镇；围绕LED、电子消费品，重点建设光源科技小镇；围绕五金特色产品，重点建设永康五金小镇；围绕水晶产业转型升级，重点建设浦江水晶时尚小镇；围绕铁皮枫斗的开发利用，重点建设森山健康小镇等。推出一批产业特色鲜明、人文气息浓厚、示范效应显著的小镇列入省级特色小镇创建和培育名单，强化地方特色品牌。

2. 实施行业品牌提升行动

组织制定行业质量品牌提升计划，鼓励企业围绕研发创新、设计创意、生产制造、质量管理和营销服务全过程制定完善的品牌发展战略，明确品牌定位，提高品牌产品性价比。充分发挥行业协会作用，依托产业集群效应，指导企业开展消费品品牌创建、培育、宣传活动。积极申报国家级、省级专业商标品牌基地；支持申报国家级、省级商标战略示范乡镇，奖励新认定国家级、省级商标战略示范企业。切实提高全市消费品工业领域的行业品牌影响力。

3. 提升消费品品牌的国际竞争力

充分发挥义乌国际商贸城、广交会、华交会等的辐射带动作用，积极举办或参与国际小商品博览会、国际五金博览会、玉石雕刻精品博览会等重大品牌活动。发挥兰溪"中国织造名城"等品牌优势，举办承办全国性纺织行业会议。鼓励企业在马德里国际注册，在欧盟、非洲地区工业产权组织、非洲知识产权组织或单一国家等境外商标注册。支持有能力的企业建立全球产业链体系，拓宽与"一带一路"沿线国家、德国等欧盟国家的产业合作途径，提升国际化经营能力和服务水平，增大消费品品牌产品出口的比重，提高消费品品牌的国际竞争力。

# 企 业 篇

# 第十一章　重点消费品企业研究

2016 年，消费品工业企业在创品牌和智能制造方面成就显著。创品牌方面，以飞跃和贵州茅台为典型代表，通过提高产品品质、把握营销重点、迎合市场需求，"飞跃"品牌在海外市场重生；通过紧密结合消费者需求和文化传统、严格控制供需平衡、分散经销渠道、多层次品牌布局，贵州茅台完成了品牌塑造；通过立足核心优势、重视创新研发、借助传统文化和加强经营管理能力，云南白药巩固了品牌地位，实现了中医药产业化。智能制造方面，以海尔和九州通为典型代表，通过充分研究当代技术特点、大胆革新企业组织架构、合理设置管理激励制度，海尔集团实现了互联网时代的战略转型；通过不断探索与创新、巩固物流与供应链、永远以顾客为中心和不同服务融合，九州通实现了"互联网＋医药"之路。

## 第一节　　"飞跃"品牌在海外市场的重生

### 一、企业概况

1959 年，飞跃球鞋诞生于上海胶鞋一厂，第一年便生产了 161.6 万双，并在 1964 年被评为全国同类产品第一名。飞跃球鞋因为质地轻柔、经久耐穿，获得了市场热烈的反应。白底红蓝条纹的设计也让飞跃成为大众追捧的"时尚品"。工厂最为壮大时，足有 2000 多职工在连成一片的 2—3 层的车间里工作。1986 年以后，上海橡胶工业公司开始改制，"飞跃"也经历了一系列的改革阵痛，品牌归属一度模糊。1992 年大孚橡胶厂（即上海胶鞋一厂）划归上海轮胎橡胶（集团）股份有限公司，后随集团并入上海华谊集团。

1997年，大孚橡胶厂投资成立上海大博文鞋业有限公司；同年，大博文鞋业转入上海兰生股份公司名下。公司归属不断变化的同时，品牌归属也一直未曾清晰界定，许多鞋厂甚至未经授权直接生产带有"飞跃"标志的鞋，市场上"飞跃"品牌的使用极为混乱。"飞跃"品牌下也一直没有新产品出现，生产工艺未曾更新换代，仅仅凭借早年成功的款型在市场上勉力维持，产品价格难以提升，质量参差不齐。

## 二、发展战略

2005年，旅居上海的法国人帕特里斯·巴斯蒂安接触到了"飞跃"并对其产生了浓厚兴趣。他是个喜爱收集各类球鞋的"sneaker freak"（球鞋怪人），幼年就喜欢收集各种经典球鞋，藏品包括Vandal、耐克等数量以百计的品牌。"飞跃"既历史悠久，又鲜有西方人知道，对帕特里斯有着无与伦比的吸引力。他设想了一套改造"飞跃"计划，包括为降低僵硬感而重新设计"Feiyue"字样商标，对产品外观进行从整体到细节的改良，采用质地更优良的面料生产，并调整品牌定位面向潮流青年和喜爱复古装扮的人群，等等。按照帕特里斯的说法，他走访了大博文鞋厂，获得了大博文的首肯，用飞跃的拼音FEIYUE在法国注册了商标，并赋予其flying forward（向前飞）的内涵。

帕特里斯在"飞跃"的海外市场开拓中取得了巨大的成功。首先，他赋予Feiyue以中国文化背景，有针对性地对产品进行改造。其官方网站曾经如此介绍"飞跃"品牌："Feiyue诞生于20世纪30年代，并由于其舒适性而成名，特别是练习武术的需要。Feiyue源自1920年的上海。它受到中国各个社会阶层的喜爱，从农民到政客，从国家足球队员到著名的少林武僧。Feiyue是7000年的中国历史和现代碰撞的产物。Feiyue的工厂自1905年起就保持了这种古老的制鞋工艺，并且一直在那里生产这种复古款式至今。穿着Feiyue还可以为上海的郊县地区创造就业岗位。"在此背景设定下，调整设计样式，使外形更柔和、颜色更多变，并增加了高帮样式。用有中国特色的词组命名不同品种，例如"少林"（Shaolin）、"二当家"（ErDangJia）等。升级制鞋工艺，重新制作鞋楦，调整模具形状改善鞋型，增厚帆布和衬里以增加舒适度，改进绘制鞋面的颜料，对胶水、胶皮、鞋带金属孔和鞋底也进行了相应调整。改善了包装和宣传，使整体形象与最初的背景设定一致。这一系列改造使得Feiyue品牌能调动海外消费者的中国想象，有力地吸引顾客。

其次，帕特里斯针对Feiyue的市场定位进行了一系列营销活动。首先小规模地将产品投放到欧洲市场，将品牌故事讲给对球鞋收集有浓厚兴趣的客户。有选择地进行圈层营销，通过收藏球鞋的圈内人的影响力将这一来自中国的品牌迅速变成一种时尚。2008年3月，时尚奢侈品牌Celine向帕特里斯发出邀请，请求为新一季的"太极"系列合作推出一款球鞋，经过重新设计，FeiyuexCeline出炉。通过一系列类似的合作，Feiyue推出了多个系列不同款型的不同品种，丰富了消费者的选择，也使得"飞跃"作为极富前途的新锐品牌频频在《Elle》《Cosmopolitan》《WAD》等时尚媒体上曝光，并请到奥兰多·布鲁姆等明星代言。在时尚圈的影响力吸引了众多经销商，Feiyue选择了与巴黎香榭丽舍大街的体育用品商店quarterback、市内集市广场forumde-shalles等大型时尚卖场合作，将产品摆在了高端卖场的最显眼处，极大地提升了产品价值。产品摇身一变，从国内20多元的地摊货，变成了欧洲50—85欧元不等的高端产品。

## 三、启示与借鉴

飞跃鞋在海外市场的成功经验，极大地启发了国内消费品企业如何发展、塑造自身品牌。海外Feiyue与国内飞跃品牌的纠纷，更是中国品牌的惨痛教训，只有认真分析、总结经验教训，才能避免重蹈覆辙。

### （一）直面市场竞争，提升产品品质

不能直面市场竞争，没有顺应市场的发展变化改善生产工艺，难以始终如一地保持高品质，是飞跃在国内市场节节败退的重要原因。客观上，品牌归属不清，各类仿品、赝品的不正当竞争影响了飞跃的品牌形象，造成了飞跃在市场中的被动地位。但企业的战略选择也存在巨大失误：没有通过提升质量将正品与假冒伪劣产品区分开来，没有进行有效的营销活动发挥品牌价值，其实回避了市场竞争中最为关键的问题，而选择在价格战场进行肉搏，最终导致了市场中的"劣币驱逐良币"。消费品领域进入门槛低，企业容易遇

到飞跃品牌类似的问题，更应该吸取飞跃的教训，坚持提升产品品质，在产品而非价格维度进行市场竞争。

### （二）把握营销重点，重视品牌价值

Feiyue 在海外市场的营销特点鲜明，成效显著，值得国内消费品品牌借鉴。首先是重视产品的文化特性，着力塑造品牌的附加价值，这将成为品牌切入高端市场的有力支撑。其次是把握时尚新风的传导模式：时尚圈注重产品的内涵，能够引起潮流；传媒圈能发现潮流的趋势，将潮流扩大到包括娱乐圈在内有影响力的各个圈层；各类市场主体受到传媒圈的鼓动，将潮流的影响力转换成产品的附加价值，并以高价格的形式体现。Feiyue 重视其品牌价值，在各个营销环节把握住了营销重点，迅速掀起了巨大的市场反响，其营销手段值得消费品企业学习。

### （三）迎合市场需要，增加品种数量

在物质供给充足的买方市场，市场需求永远是多样化、个性化的，只有针对性的产品设计才能有效满足这类市场需求。这是国产飞跃衰败的重要原因。而 Feiyue 设计了不同系列的不同品种，获得了巨大的成功。值得注意的是，Feiyue 的新品种开发并非漫无目的，而是与营销紧密结合。每个系列的主题设定、产品设计都与其他圈子中有影响力的组织结合，一方面丰富了合作方的产品周边，另一方面保证了 Feiyue 的产品设计能切中相关人群的痛点，使新品种能有效迎合市场需要，实现了双赢。国内消费品企业需借鉴这一经验，不能孤立地对待细分市场的客户需求、产品的营销与产品品种的增加。

## 第二节　贵州茅台的品牌塑造

### 一、企业概况

贵州茅台酒股份有限公司是驰名中外"贵州茅台酒"的唯一生产企业，是我国酱香型白酒的鼻祖和典型代表。"贵州茅台酒"以其酱香突出、幽雅细腻、酒体丰满醇厚、回味悠长、空杯留香持久的完美风格而闻名于世。

公司成立于 1999 年 11 月 20 日，由中国贵州茅台酒厂（集团）有限责任公司作为主发起人，联合中国贵州茅台酒厂（集团）技术开发公司、贵州省轻纺集体工业联社、深圳清华大学研究院、中国食品发酵工业研究所、北京市糖业烟酒公司、江苏省糖烟酒总公司、上海捷强烟草糖酒（集团）有限公司共同发起设立。2001 年 8 月 27 日，贵州茅台挂牌上交所上市交易。2002 年，茅台酒股份有限公司获全国行业质量、服务诚信示范企业称号，茅台酒系列产品获"消费者信得过商品"称号。2003 年，贵州茅台酒股份有限公司获全国质量管理奖。2005 年，公司通过 ISO10012 国际计量检测体系认证，并获国际水资源保护杰出贡献奖、国际认证联盟及中国质量认证中心卓越管理组织奖。2006 年，茅台获"中国最具增长潜力白酒品牌第一"称号，茅台获"全国轻工业卓越绩效先进企业"称号。2007 年，国酒茅台获中国最有价值商标，荣居"第二届中华老字号品牌价值百强榜"榜首。茅台集团荣获"2007 年度十大影响力企业"称号。2008 年，茅台获"中国最有价值商标500 强"前十强，"中国烟酒行业标王"称号，贵州茅台集团企业徽标获"中国驰名商标"称号。2009 年，茅台建立我国第一个白酒微生物菌种资源库，贵州茅台（白酒）检测实验室顺利通过 CNAS 评审组复评审，集团公司荣获"中国商标战略创新奖"，茅台上榜"中国最受尊敬企业""亚洲品牌 500强"，首批"国家名片"。2010 年，茅台成为全国首批商标战略实施示范企业，贵州茅台酒股份公司荣获"管理体系优秀认证企业"称号。2011 年，茅台集团再次荣获全国质量奖，中国茅台上榜"全球酒业品牌 50 强"第九位。2012 年，国酒茅台荣膺世界烈酒大赛金奖。贵州茅台首次以 118.38 亿美元的品牌价值入选 BRANDZTM 最有价值全球品牌百强，位列第 69 位。2013 年，国酒茅台荣获 2013 年度全球卓越绩效奖，茅台在全球 50 大最具价值烈酒品牌中位列第二，茅台名列 2013 中国品牌文化影响力前十强。2014 年，国酒茅台获"布鲁塞尔国际烈酒大赛金奖""杰出绿色健康食品奖"，国酒茅台荣膺"叱咤全球的国家名片"殊荣。2015 年，飞天 53 度茅台酒、53 度鸟巢普通酒获布鲁塞尔国际烈性酒大奖赛最高奖。国酒茅台首次入选世界品牌 500 强。2016 年，茅台名列 2016 全球烈酒品牌价值 50 强首位，茅台以 877.76 亿元的品牌价值位列中国上市公司创新品牌价值排行榜第一。

## 二、发展战略

### （一）大力塑造品牌形象

白酒行业重视酿造传统，产品创新速度慢，使其品牌战略成为企业发展战略的重心。在贵州茅台的发展历程中，一直重视品牌形象的塑造。其宣传工作包括多个方向：宣传茅台自 1915 年巴拿马世博会荣获金奖以来在各类大赛、评比中的获奖历史，在与其他酒类的竞争中凸显产品品质。宣传茅台在质量管理等领域通过的各项认证。宣传茅台酒作为文化符号本身所具备的品牌形象。这些努力使得茅台的品牌形象和品牌价值持续提升，形成了贵州茅台在市场竞争中的核心竞争力。

### （二）稳定市场价格预期

高端白酒占据了以商务、社交需求为主的高端市场，产品享有较高的价格，也就相应地承担了价格对供需情况变化更为敏感所带来的风险。为坚持高端白酒的品牌定位，贵州茅台的售价不能随市场供需关系的变化而剧烈变化，必须着力塑造稳定的市场价格预期。在供需关系发生明显变化时，迅速调整产量以稳定市场价格。

### （三）小分销商模式

白酒行业的销售主要依靠遍布全国的经销商进行，存在对主要客户依赖的风险。在上市前的 2000 年，贵州茅台前五大客户合计销售金额占全年销售总额的 13%，通过十余年间对营销网络体系的调整，到 2015 年，前五大客户合计销售金额占全年销售总额下降至 4.45%，相比竞争对手五粮液的 19.45% 明显较低。在渠道管理上，贵州茅台有意通过分散产品的分销渠道，来增强对分销商的管理能力，降低渠道风险。

### （四）"133" 品牌战略

相较于五粮液的多品牌战略，贵州茅台的子品牌相对较少，主次分明。酱香型茅台酒居于明显的核心地位。近年来，茅台酒一直希望通过其他子品牌抢占中低端市场，在飞天茅台之外，重点打造华茅、王茅、赖茅以及汉酱、仁酒、王子酒等品牌。但其他子品牌与飞天茅台有明显的差异化，不会丝毫折损核心品牌的高端定位和品牌价值。

## 三、启示与借鉴

### （一）紧密结合消费者需求和文化传统

贵州茅台成功的关键在于抓住了消费者的核心需求，牢固占据了高端酒市场。酒类价格管制放开之后，茅台酒立即提价以定位高端市场。通过各类商务、社交场合中有意识地引导、营销，培育了消费者对白酒口感的依赖，奠定了茅台酒占据高端市场的基础。着力从文化、历史传统中挖掘茅台的品牌价值，又进一步增强了茅台在营销中的定价能力。要促使品牌形象和品牌价值的提升，需要针对消费者需求（尤其是心理需求）精准营销，同时从文化传统中挖掘品牌价值。

### （二）严格控制供需平衡

市场价格对高端形象的维持有至关重要的作用。贵州茅台通过有意识地维持高价，将茅台与身份、威望等因素联系起来，使其高端定位也兼具了一定的"奢侈品"特性，形成了"高价格—高品牌价值"的共振机制，使高端形象不断自发强化。为产生这样的效果，需要有意识地控制供需，避免追逐短期利益的恶性竞争使品牌形象严重受损。

### （三）以渠道为品牌战略的支撑

渠道对落实品牌战略有至关重要的支撑作用。在高端酒市场上，高价带来了经销商较大的定价空间。经销商可能为了最大化自身利益而降低价格，影响品牌形象。贵州茅台在无法通过自建营销网络完全掌控营销渠道的情况下，通过分散经销渠道，降低经销商的库存压力，较好地控制了经销渠道，保障了品牌战略的执行。类似地，各类消费品为了提升自身品牌价值，不仅要做足品牌形象塑造的功课，更要关注渠道的影响，通过合理的机制设计，使渠道成为品牌战略的支点。

### （四）多层次品牌布局

品牌形象和品牌价值的提升一方面使产品能获得更高的定价，另一方面也将产品限制在了相对高端的市场。企业为最大化利润，往往倾向于使用多品牌战略。贵州茅台实施"133"多品牌战略，通过多层次、主次分明的品牌定位，既使得其他子品牌能借主品牌的影响力提升自身形象、抢占细分市场，又保障了主品牌价值不因为子品牌相对低端的定位而受损。消费品企业在进行多品牌布局时，应注意主次，通过差异化、多层化促使战略的成功落实。

# 第三节　海尔集团在互联网时代的战略转型

## 一、企业概况

### （一）基本情况

海尔集团 1984 年创立于青岛。创业以来，海尔坚持以用户需求为中心的创新体系驱动企业持续健康发展，从一家资不抵债、濒临倒闭的集体小厂发展成为全球最大的家用电器制造商之一。2015 年，海尔集团全球营业额实现 1887 亿元，近 10 年复合增长率6%；实现利润预计为 180 亿元，同比增长 20%，近 10 年复合增长率30%，利润复合增长率是收入复合增长率的 5 倍。2016 年 1 月 18 日，世界权威市场调查机构欧睿国际（Euromonitor）发布的 2015 年全球大型家用电器品牌零售量数据显示：海尔大型家用电器 2015 年品牌零售量居全球第一，这是自 2009 年以来海尔第 7 次蝉联全球第一。同时，冰箱、洗衣机、酒柜、冷柜也分别以大幅度领先第二名的品牌零售量继续蝉联全球第一。海尔在全球有 10 大研发中心、21 个工业园、66 个贸易公司、143330 个销售网点，用户遍布全球 100 多个国家和地区。

### （二）发展历程

从 1984 年创业至今，海尔集团经过了名牌战略、多元化战略、国际化战略、全球化品牌战略、网络化战略五个发展阶段。1984 年到 1991 年，海尔通过名牌战略以过硬的质量奠定了在中国冰箱行业的第一品牌。1991 年至 1998 年，通过多元化战略，海尔从冰箱进入家电市场，创出家电第一品牌。1998 年至 2005 年，海尔力推国际化战略，打造国际品牌。2005 年至 2012 年，海尔实施全球化品牌战略，通过建设研发中心、投资并购等一系列手段实现海外分支的本土化，在国际市场真正"走上去"。2012 年至今，在互联网迅猛发展的浪潮下，海尔开始从传统制造家电产品的企业转型为面向全社会孵化创客的平台，致力于成为互联网企业，开启了新时期的网络化战略。

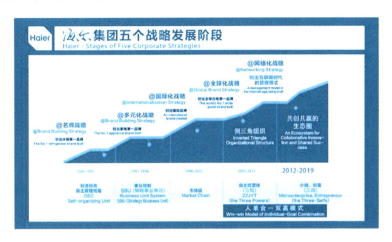

图 11 - 1　海尔集团五个战略发展阶段

## 二、企业战略

### （一）理论创新

互联网的发展加速了企业的全球化进程。海尔集团将互联网时代的特征归纳为零距离、去中心化、分布式，基于这三点特征，分别对古典管理理论中泰勒的"科学管理理论"、韦伯的"科层制理论"和法约尔的"一般管理理论"进行修订，重塑了海尔的企业管理模式。

泰勒的科学管理理论以动作时间研究著称，流水线是其标志。但在流水线上，员工没有积极性，甚至成为机器的附庸。在互联网时代，用户和企业、员工之间能够做到零距离，也只有零距离才能满足用户的个性化需求，用大规模定制取代大规模制造。韦伯的科层制理论的组织架构是金字塔式的，这种"正三角"形的组织里充满了各种层级，从决策层、管理层到操作层，逐层增大，基层人员的自主空间很小。在互联网时代，去中心化的趋势使得每个人（包括员工、用户）都能成为中心，金字塔式的组织架构将扁平化。法约尔的一般管理理论强调的是企业内部职能的再平衡，但无法将企业外部资源的影响纳入理论之中。互联网的分布式特性让企业能更好利用外部资源，要求企业从封闭变得开放。

基于互联网时代的特征，海尔对古典管理理论进行了修改，并通过这一系列新理论，指导海尔转型发展。

### （二）组织革新

传统企业的组织是串联式的，从企划研发、制造、营销、服务一直到最后的用户，这些企业内的中间层，连同企业外的中间层（如供应商、销售商），拉远了企业和用户之间的距离。海尔试图把企业和用户直接连在一块，从传统串联流程转型为可实现各方利益最大化的利益共同体。在这个利益共同体里面，各种资源可以无障碍进入，同时能够实现各方的利益最大化。

组织结构的革新是创造利益共同体的关键。海尔试图将企业重新定义为平台主、小微主、创客共同服务于用户的系统。平台主从管控者变为服务者，员工从听从上级指挥到为用户创造价值，变成创业者、创客。创客组成小微创业企业，创客选举产生小微主，创客和小微主共同创造用户、市场。平台下的这些小微加上社会资源，就变成了一个生态圈，共同创造不同的市场。不同的生态圈以海尔的平台为核心，互相并联，面向不同的市场，服务不同的用户。

图11－2 海尔集团组织革新

### （三）机制设计

海尔更新了企业管理的模式、机制。在薪酬机制上，海尔将"企业付薪"变为"用户付薪"，驱动员工转型为真正的创业者，在为用户创造价值的同时实现自身价值。在管理模式上，通过对非线性管理的探索，最终实现引领目标的自演进。海尔将重点聚焦把"一薪一表一架构"融入转型的六个要素中。"一薪"即用户付薪，是互联网转型的驱动力；"一表"为共赢增值表，目的是促进边际效应递增；"一架构"是小微对赌契约，它可以引领目标的自演进。三者相互关联，形成闭合链条，共同推进互联网转型。

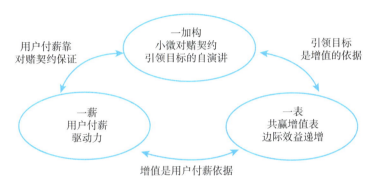

图 11 – 3　海尔集团机制设计

## 三、启示与借鉴

### （一）充分研究当代技术特点，用理论指导实践

海尔集团的探索和尝试并非漫无目的，而是在充分研究互联网特点的前提下做出了审慎布置。企业的转型战略，本质上是结合新的形势、新的需求，在维持企业核心竞争力的前提下，对未来的改变做出规划。这需要对新形势、新需求有深入的研究，形成起指导作用的理论。海尔在"互联网＋"趋势下的战略转型便深刻理解了互联网时代的特点，具有相当的前瞻性。在某种程度上来说，海尔网络化战略的愿景，甚至超越了许多互联网公司，与互联网龙头企业谷歌的模式相近。深入研究以"互联网＋"为代表的技术特点，用理论指导转型实践，值得消费品企业借鉴学习。

### （二）大胆革新企业组织架构，以组织支撑战略

"互联网＋"将带来颠覆性的变革，企业不光要看到趋势，还要有针对性地进行调整。海尔将传统的科层制管理架构转化成平台＋小微企业的模式，便是一次彻底的自我革新。只有敢于对企业进行彻底的改变，才有可能迅速

适应时代的变化，将新的趋势转换为企业能够利用的资源，转化为价值和财富。然而这对企业来说，难度不亚于二次创业。从海尔的转型之路可以看出，要彻底革新企业架构，领导人的眼界、魄力、能力，乃至企业对趋势的研判、企业管理团队的能力、企业文化的影响力都不可或缺。

### （三）合理设置管理激励制度，以制度驱动实施

有了理论指导和组织上的保障，还需要一系列的制度设计为系统变革提供驱动力。通过制度，企业可以将不同职能、有不同利益导向的各类主体关联，协调其中的冲突，共同完成企业的目标。海尔的"一薪一表一架构"制度的核心便是厘清平台与企业间的责任分配、评价考核和利益分配，从而确保了在充分放权小微企业自主探索市场的同时，海尔作为平台能够对其进行影响，能够分享市场增加带来的收益。用制度关联、驱动各方，实现组织功能，值得借"互联网＋"转型的各类消费品企业参考、学习。

## 第四节 九州通的"互联网＋医药"之路

### 一、企业概况

#### （一）基本情况

九州通医药集团股份有限公司是一家以西药、中药、器械为主要经营产品，以医疗机构、批发企业、零售药店为主要客户对象，并为客户提供信息、物流等各项增值服务的大型企业集团。公司立足于医药健康行业，是在中国医药商业行业处于领先地位的上市公司（证券代码：600998）。公司连续多年位列中国医药商业企业前列，中国民营医药商业企业第 1 位，并以 40 亿元的品牌价值位居"2015 胡润品牌榜"128 位，2016 年位列《财富》（中文版）500 强第 122 位。

在"互联网＋医药"的发展理念下，九州通搭建了领先的电子商务平台，将医药电商及互联网大健康服务作为公司未来重点发展的战略方向。早在2000 年，九州通就成立了电子商务公司，并在同行当中率先获得《互联网药

品交易服务资格证书》（B2B 模式）和《互联网药品交易服务资格证书》（B2C 模式），是全国少数同时具备 B2B、B2C、O2O 业务模式的企业之一。公司旗下拥有"九州通医药电子商务交易平台""好药师网上药店"和"好药师去买药"三个电商平台。"健康998"电商平台整合了好药师大药房连锁有限公司、好药师大药房（线上公司）、九州通健康管理有限公司、武汉麦迪森电子商务有限公司、远程医疗事业部，融合了线上线下，更好地提供全面健康服务。九州通中药材电子商务有限公司开发的"珍药材"，完成了 PC 端到移动端平台布局，并建立了自主产权 B2B 支付平台"珍药宝"。经过长期的实践，九州通的"互联网+医药"取得了不错的成绩。

（二）发展历程

九州通医药集团股份有限公司的发展历程，大致分为五个阶段：一是公司发展的探索阶段：从 1999 年 3 月 9 日成立武汉均大储运有限公司，到 2003 年 9 月。这个阶段着重为公司发展打基础、找方向。二是公司发展的规划阶段，2003 年 10 月 23 日，公司更名为九州通集团有限公司。集团公司的成立，理顺了集团公司的组织架构、完成了集团公司的管理规划，奠定了集团公司长远发展与管理的模式。三是公司二次创业发展阶段：2007 年 8 月 8 日，九州通集团有限公司获得狮龙国际集团（香港）有限公司注资，公司变更为中外合资企业。增资后，九州通集团的发展大提速，2007 年，全集团实现销售收入 158 亿元。四是股份改造与上市发展阶段：九州通集团股份制改造于 2008 年 11 月 5 日获得了湖北省商务厅的正式批准，集团公司整体改制成功。2010 年 11 月 2 日上午九州医药集团正式在上交所挂牌上市。五是战略组合调整阶段：2014 年末，随着集团战略业务逐步走向成熟，新业务和新经营模式的探索深入推进，公司群规模不断扩大，调整公司战略组合已成为大势所趋，公司提出了强力推进战略业务，稳步推进核心业务的发展思路，以医药分销为核心业务，以医院纯销、中药业务、医疗器械、基药业务、电子商务、消费品、总代理业务、医药工业、原料业务为战略业务，以行业解决方案、医疗产业投资、财务投资、国际贸易、医药健康产业孵化器为需要培育的新兴业务的战略组合，以打造核心竞争力，顺应医药市场变革。

## 二、企业战略

### (一)建立全国性的销售网络,发挥销售网络的广度与深度优势

为了使产品迅速切入广大终端市场,实现完整而全面的全国市场信息交流、简单而快捷的服务传递,保障资金的安全流动,节约交易成本和营销费用,九州通建立了全国统一的销售渠道。截至 2016 年上半年,九州通在全国省级行政区规划投资了 28 个省级医药物流中心,同时向下延伸并设立了 49 家地市级物流中心。九州通的营销网络已经覆盖了中国大部分的行政区域,构成了全国性网络,同时在全国范围内拥有 863 家零售药店,是全国 1 万多家医药流通企业中营销网络覆盖区域最广的企业之一。

### (二)丰富经营品种资源,与上下游客户建立良好稳定的业务关系

为了保障客户多样化的需求,满足客户的"一站式"采购需求,节约客户采购成本,提高客户采购效率,公司与 7000 多家上游供货商保持了良好的合作关系,同时与约 80000 家下游客户建立了稳定的业务关系。公司除了经营药品之外,还经营保健品、中药饮片、医疗器械、计生用品等产品,经营的品种品规超过 25 万个,成为行业内企业中经营品种最齐全的企业之一。公司现时是国内众多知名生产企业的重要分销商,如云南白药、东阿阿胶、同仁堂等等。

### (三)发展电子商务交易业务及医药信息服务,向上下游客户提供需求解决方案及增值服务

九州通早在 2000 年就创办了 B2B 电商网站"九州通医药网",是行业中最早开展电子商务交易业务的企业之一。九州通医药电子商务(B2C)线上业务平台"好药师网上药店"自上线以来,业务发展快速增长。另外,为快速打造公司中药材电商交易平台及物流体系,公司已陆续在道地产区或集散地成立了九州通亳州中药材电子商务有限公司、九州通安国中药材电子商务有限公司、九州通渭源中药材电子商务有限公司、九州通成都中药材电子商务有限公司和九州通绵阳中药材电子商务有限公司等,加快拓展公司中药材电商业务。

在提供需求解决方案方面，公司已形成面向医药物流企业的"物流规划与集成的整体解决方案"、面向医药企业的"供应链整合与整体解决方案"以及面向医院及区域医疗管理机构的"医院供应链协同解决方案与医疗卫生信息管理系统"等三大产品线。九州通为上游客户云南白药集团股份有限公司和天士力制药股份有限公司等开发了医药物流信息管理系统，并为其提供了大型的医药物流中心的规划集成方案，并取得了可观的经济效益。九州通开发的零售连锁信息管理系统，可以实现零售药店与连锁总部、配送中心等地的有效连接，该系统可以有效地提高所需药品的补货效率、降低药品的库存率，在药品零售连锁行业极具推广价值。下游客户方面，九州通为医疗机构设计与开发的医用耗材采购、库存与管理软件和信息系统，在医疗机构的医用耗材和药品的物流管理方面具有显著的应用价值。在提供增值服务方面，九州通具备向上、下游客户提供增值服务的能力。九州通通过网络系统，可以与上、下游会员客户实现即时信息共享，为上游会员客户提供其商品即时的库存信息和销售信息以及根据需要提供有价值的信息分析报告；同时，也可为下游会员客户提供查询其所需商品的品种及相关信息。

### （四）应用现代物流技术和信息技术，保障高效的流通

为了降低医药物流成本，提高经营产品的配送效率，减少差错率，早在2001年九州通就开始进行现代医药物流流程以及相关物流技术的研究，并与国内外先进的物流集成商进行技术交流，探索将国内外先进的物流技术与中国医药物流的具体国情相结合的物流模式。九州通积极引进海内外专业人才，组建了业内顶尖的物流技术研发与物流管理团队。在十几年时间里，九州通先后在全国投资建设了77个医药物流配送中心。根据各个医药物流中心的不同功能，采用了现代物流设施、设备，研发了与之相匹配的物流管理系统和信息管理系统，并在医药物流中心规划、设备选型、系统集成、系统上线和搬迁等方面积累了丰富的实际经验。公司在国内医药物流行业中的现代物流技术和信息技术的运用方面具有优势，是中国目前具备独立集成规划现代医药物流中心能力和拥有自主知识产权的现代医药物流企业。

九州通的现代医药物流系统和信息管理系统，可以满足客户多批次、多品规、小批量、物流量大的要求，在保持较低的物流成本和具有很高的运行

效率的条件下，服务的客户群体范围大大增加，业务的范围进一步拓宽，并成为九州通的核心竞争力。

## 三、启示与借鉴

### （一）探索与创新是"互联网＋"战略的活力之源

从"互联网＋医药"发展的行业背景来看，一方面，医药行业集中度日趋提高，并购快速增长。另一方面，政策鼓励互联网进入医药行业，提升行业运营水平：2014年5月，国家药监局公布《互联网食品药品经营监督管理办法（征求意见稿）》，拟放开网售处方药。2015年国家先后出台的《关于积极推进"互联网＋"行动的指导意见》《全国医疗卫生服务体系规划纲要（2015—2020年）》及"十三五"纲要支持医药电商发展。在此背景下，各地、各企业都在积极探索：2015年，上药控股在上海长宁区试点"定点药房处方外配"，2016年2月，九州通医药集团好药师大药房试点开展武汉市中心医院门诊药房部分药品远程销售配送业务，2016年3月，京东及山东新华制药股份有限公司合作建设"淄博市医疗处方流转信息平台"试点处方药电商项目等。但是"互联网＋医药"的发展方向仍不明晰。

我们能清楚地看到这一领域的先行者九州通在发展过程中不断探索、不断创新的轨迹。公司业务在不同业务领域涉及"互联网＋"，既包括B2B、B2C、O2O模式的电子商务，又包括各类基于互联网的医药信息服务、需求解决方案。并非每一种业务都有明确的市场、能够获得确定的收益。例如，"好药师网上药店"（B2C模式）直到2016年上半年才成功实现扭亏为盈。从选定方向，到实现收益，对公司而言是一个相对漫长的过程，需要有敢于创新、敢于试错的勇气和精神。正是探索和创新，为"互联网＋"战略的实施推进提供了源源不断的活力。

### （二）物流与供应链是"互联网＋"战略的坚实支撑

"互联网＋"与物流、供应链的发展互为表里。九州通"互联网＋医药"发展战略能够成功推行，其强大的物流与供应链的支撑作用至关重要。如果物流服务达不到消费者的需求，供应链上下游无法有效连接，互联网也只能带来一时的刺激，市场热情也会因运营能力的缺失而受挫。甚至可以说，九州通的成功是先有全国性的物流系统和强大的供应链管理能力，互联网再取代一级级的营销渠道，从而成功地建立起集中、高效、节约的经营网络，使业务模式有了脱胎换骨的变化。因此，在推行"互联网＋"发展战略时，应重视基础运营能力，做好物流与供应链系统的建设。

### （三）以顾客为中心是"互联网＋"战略的有力保障

"互联网＋"带来了体量巨大的多元化消费者需求，充足的供应和差异化需求的满足是基本要求，也是"互联网＋医药"的生命线。为了牢固占领市场，必须坚持以顾客为中心，做好直接面向消费者的服务工作。例如，O2O业务依托集团原有的连锁直营体系，2016年上半年在武汉、北京、上海等8个城市拓展，在这些城市的核心区域实现"24小时送药、1小时必达"的O2O服务。除了基本的送达时间要求，九州通还不断提升产品的使用体验，实现了电子围栏、药师咨询、搜索与自诊找药等功能，使"互联网＋医药"真正对消费者有吸引力，保障了其成功实施。

### （四）不同服务融合是"互联网＋"战略的发展方向

一方面，为了满足消费者个性化的需求，除了种类齐全的药品供应，"互联网＋医药"还可提供各类医疗相关服务。例如，九州通研发了方便患者与医生之间视频问诊的远程诊疗系统，依托合作的北京中环肛肠医院实现了好药师网用户的在线咨询和处方药用药需求的对接与指导；自行培养了近百名健康管理师，在42家药店上线了体检设备，帮助药店采集和建立会员健康档案，开展会员的慢病管理工作，等等。另一方面，在"互联网＋"战略下，依托供应链资源可与医疗机构以及相关公司合作，积极探索医院处方合法流转等其他相关业务。例如，与武汉市中心医院开展部分门诊药品远程配送业务，与康智健康科技、桃谷科技等公司合作探索"互联网＋医药"服务新模式。除此之外，在"互联网＋"战略下，还可对接医疗、银行、保险等业务，将相关业务关联到统一的平台，既便利了消费者，又促进了行业持续发展壮大。

# 第五节　中医药产业化：云南白药的发展道路

## 一、企业概况

### （一）基本情况

云南白药集团股份有限公司是云南省十户重点大型企业、云南省百强企业，也是首批国家创新型企业，云南白药商标被评为中国驰名商标，是公众喜爱的中华老字号品牌。公司以"新白药，大健康"战略为指引，关注个人健康需求，把握治未病为导向的未来市场机遇，致力于打造医药全产业链，充实并发展云南白药百年来"配方独特、质量上乘、工艺精湛、功效卓著"的品牌内涵。公司通过深挖独家核心品种价值并提升产品品质，引领中医健康文化发展；同时，对个人健康护理及原生中医药资源产业持续投入，实现了以云南白药系列、三七系列和云南民族特色药品系列为基石，日化、养生、健康管理服务产品为两翼的战略转型升级。公司现有业务涵盖中药资源、中西药原料/制剂、个人护理产品、原生药材、商业流通等，产品以云南白药系列、天然药物系列及健康护理系列为主，共19个剂型300余个品种，是拥有两个国家一级中药保护品种（云南白药散剂、云南白药胶囊），拥有发明专利101项、实用新型26项、外观设计284项的大型现代化制药集团，产品畅销国内市场及东南亚一带，并逐渐进入日本、欧美等发达国家市场。

### （二）发展历程

1971年6月1日，经周恩来批示，云南白药厂在昆明制药厂第五车间的基础上成立。1988年3月，国家计委、国家经委、国家医药管理局、国家中成药管理局才联合发文，指定云南白药厂为云南白药的定点生产厂家。1993年，云南白药厂被改制为"云南白药实业股份有限公司"，并在深圳证券交易所上市，成为中国医药行业第一家上市公司，也是云南第一家上市公司。1996年，公司投资控股了市场上实际上仍在生产云南白药的三家企业——大理药业有限责任公司、文山七花有限责任公司和丽江药业有限公司，实现云南白药的生产计划、商标、批准文号、质量管理和销售的统一，垄断了"云南白药"这一产品。

1999 年，公司提出以市场为中心，以销售为突破口，全面实施市场发展战略。企业从一个以生产为中心、单纯的制造业传统国企，逐转变为以市场为中心、具备完整产业链的完全市场竞争主体。公司收购了云南省医药公司，投资 3000 万元组建医药电子商务公司，实现了工贸一体化。2000 年，集团投资 2160 万元组建了云南白药连锁药店。

2001 年，集团在上海设立子公司，研究开发气雾剂、创可贴、膏帖，并投资数千万元引进生产线。这些新产品打入了更多的细分市场，大幅提升了产品的附加值。2002 年，公司确立了以白药母体为核心，以原生药材、流通服务体系、研发体系和海外市场为新增长点的战略。2004 年，公司推出云南白药牙膏，取得了巨大的成功。从 2006 年起，公司经营业绩跃居中国中医药行业首位，成为中医药产业发展的标杆企业。

## 二、企业战略

### （一）守护、运用核心资源，确立竞争优势

云南白药是传统中医留下的财富，也是公司的核心资源。尽管政府为保障这一资源在得到保护的同时能够被高效利用，赋予了公司垄断生产的权力，这一核心竞争优势直到 1996 年公司投资控股其他竞争对手才得以确立。此后，公司的发展战略无不基于云南白药这一核心资源。从不同形式的中成药，到创可贴、牙膏等不同形式的产品，再到养生、健康管理服务等相关产业，都借助了云南白药无可替代的功能，迅速抢占了市场。

### （二）增强产品研发，立体化产品体系

如果只生产云南白药散剂和胶囊，市场并不足以支撑公司持续的发展壮大。公司充分意识到了研发对主业发展的促进作用，注重研发团队和研发激励机制的建设，与国内知名药物研究所、CRO 机构、行业专家的沟通与合作，加快研发进程，提高生产转化率，形成了以云南白药为核心，涵盖 19 个剂型 300 余个品种的产品体系。不同形式、不同功用的产品围绕着云南白药这一核心，具有很强的市场竞争力，极大地拓宽了云南白药的市场。

### （三）维护品牌价值，稳固行业地位

云南白药作为中医瑰宝，在消费者心中有着不可撼动的地位。在与其他类似功能产品竞争中，这构成了公司的核心竞争力。为巩固、加强这一优势，公司一方面注重质量管理，明确质量主体责任机制，构建严格的质量管理体系，管控好任何可能或潜在的质量风险，确保向市场输送质量优良、功效突出的产品。另一方面，在挖掘传统中医品牌价值的基础上，树立良好的企业形象。强化社会责任履行行动，稳步推进全流程、全产业链的社会责任履行，逐步拓宽社会责任履行面，营造良好的社会责任履行环境。

### （四）持续提升企业内部管理、供应链管理、渠道管理能力

在内控管理方面，注重持续改进和完善内控管理体系，对各项管理流程进行梳理优化，切实规避管理风险，提高企业运行效率。在提升供应商管理能力、整合优化供应链等方面，通过建立价格模型指导采购谈判、低价锁定、竞争性谈判、供应链延伸等模式，在保证质量和供应的同时，不断降低采购成本。在渠道建设方面，纵深发展与优化渠道商，形成强大、完善、优质的全国渠道商网络。通过网络营销，实现云南白药新品储备、新营销模式、新营销渠道的大胆尝试及探索。销售与市场无缝对接，依靠空中广告与地面活动进行消费者教育，以事件营销为节点性造势，提升产品知名度和美誉度，拉推结合扩大消费需求。

## 三、启示与借鉴

### （一）立足核心优势，走稳健的发展道路

中医药科学是中华传统文化中的宝贵资源，也应在市场经济时代发挥其价值，创造巨大的财富。医药工业要继承这一资源，需要充分认识到期潜在价值，立足于中医药配方、工艺等核心资源，循序渐进地保护和开发。在这一过程中，要切实做好知识产权的保护工作，确保顺利继承中医药遗产；做好产业化的前期准备工作，做好相关产业发展的战略规划工作，使中医药的经济价值得以开发，使中医药及相关产业能在市场经济条件下发展壮大。

### （二）重视创新研发，继承、发扬传统并向前开拓

仅仅固守传统，恢复传统中医药在医疗领域的生态位，并不足以将中医

药资源的潜力发挥出来。借助现代化的生产能力，应注重中医药在产品形态、相关应用场景下的研发，基于其核心功用设计出不同产品，占据不同的细分市场，最大化产品的价值。同时，要注重中医药产业与中医理论的共生发展。中医药产业是中医理论复兴的物质基础，中医理论是中医药产业的生命力源泉。只有中医理论得以复兴，中医药产业的研发能力才会不断增长、市场空间才会不断扩大，才真正具有不竭的生命力。

### （三）借助传统文化，扩大中医药的经济影响力

任何中医药产品的诞生、发展都具有足够悠久的历史，在国内乃至海外消费者心中有着巨大的影响力，这为产品营销带来极大的便利。应深入挖掘中医药的历史传统，扩大中医药品牌的影响。而中医理论涵盖更广，不仅事关治病救人，更涉及健康、养生等诸多方面，可对人们的生活方式、消费习惯产生巨大的影响，基于传统中医的影响力，能引导人们的养生方式、生活习惯，进而培育出许多极具经济价值的相关产业。发展中医药及相关产业，应充分重视传统文化的作用，在舆论、文化等领域做文章，扩大对中医药的需求。

### （四）加强经营管理能力，用现代经营体制承载中医药传统

传统中医药的生产、营销模式难以适应市场经济下的大规模生产，导致了中医药的全面衰退。要复兴中医药产业，必须要将中医药的种子移植到现代经营体制的土壤之中。中医药企业要重视生产过程的管理、控制，在保证药效和质量的前提下，扩大生产规模、降低成本。要加强对供应链、流通环节的管理，使全产业链健康同步发展，满足消费者各方面的需求。经营中医药产品，不仅要对产品本身有足够的理解，也应熟悉现代企业管理的方方面面，才能在市场中立于不败之地。

# 政 策 篇

# 第十二章　2016年中国消费品工业重点政策解析

2016年，消费品工业领域出台多项行业利好政策，主要侧重于促进行业兼并重组、实现有效供给、促进行业转型升级、鼓励行业创新、推动"三品"战略等领域。本章选取对于行业影响力大的七项政策进行解读。《关于促进医药产业健康发展的指导意见》提出了促进医药产业健康发展的总体要求、主要任务和政策建议，对提升我国医药产业核心竞争力、促进医药产业持续健康发展做出了部署。《关于发挥品牌引领作用推动供需结构升级的意见》要求大力实施品牌基础建设工程、供给结构升级工程、需求结构升级工程，增品种、提品质、创品牌，提高供给体系的质量和效率。《关于加快发展康复辅助器具产业的若干意见》布置了增强自主创新能力、促进产业优化升级、扩大市场有效供给、营造良好市场环境四大任务，提出了相关政策支持和保障措施。《关于建立统一的绿色产品标准、认证、标识体系的意见》到2020年初步建立系统科学、开放融合、指标先进、权威统一的绿色产品标准、认证、标识体系，健全法律法规和配套政策，实现一类产品、一个标准、一个清单、一次认证、一个标识的体系整合目标。《关于开展消费品工业"三品"专项行动营造良好市场环境的若干意见》分别从增品种、提品质、创品牌三个方面提出包括提高创意设计水平，增加中高端消费品供给，发展智能、健康消费品，发展民族特色消费品。《消费品标准和质量提升规划（2016—2020年）》提出了提升消费品标准和质量水平以促进消费品供给侧结构性改革的八个主要任务。《医药工业发展规划指南》要求重点推动生物药、化学药、中药、医疗器械、药用辅料和包装系统、制药设备六个重点领域的发展。

# 第一节 《关于促进医药产业健康发展的指导意见》

## 一、政策内容

2016 年 3 月，国务院出台《关于促进医药产业健康发展的指导意见》（以下简称《意见》），针对医药产业自主创新能力不强、产业结构不合理、市场秩序不规范等问题，提出了促进医药产业健康发展的总体要求、主要任务和政策建议，对提升我国医药产业核心竞争力、促进医药产业持续健康发展做出了部署。

《意见》明确了七个方面的重点任务：一是加强技术创新，提高核心竞争能力。完善政产学研用的医药协同创新体系，推动重大药物产业化，加快医疗器械转型升级，推进中医药现代化。二是加快质量升级，促进绿色安全发展。严格生产质量管理，提升质量控制技术，完善质量标准体系，实施绿色改造升级。三是优化产业结构，提升集约发展水平。调整产业组织结构，推进企业兼并重组。充分发挥区域要素资源优势，推动区域协调发展。引导产业集聚发展，创建一批产业集聚区。四是发展现代物流，构建医药诚信体系。建立现代营销模式，推动大型企业建设遍及城乡的药品流通配送网络。加强诚信体系建设，健全医药诚信管理机制和制度。五是紧密衔接医改，营造良好市场环境。健全医疗服务体系，推动医生多点执业，提升基层医疗机构服务能力。加强价格、医保、招标采购等政策衔接，强化医药费用和价格行为综合监管。六是深化对外合作，拓展国际发展空间。加快开发国际新兴医药市场，优化产品出口结构。推动企业建设符合国际质量规范的生产线，加快检测认证国际化进程。着眼全球配置资源，加快国际合作步伐。七是培育新兴业态，推动产业智能发展。推进医药生产过程智能化，开展智能工厂和数字化车间建设示范。发挥优质医疗资源的引领作用，开展远程影像诊断、专家会诊、手术指导等远程医疗服务。

《意见》从强化财政金融支持，支持创新产品推广，健全政府采购机制，深化审评审批改革，加快人才队伍建设，加强产业协同监管等方面提出了加强政策保障和组织实施的工作方向，对各地区、各相关部门加强组织领导、健全工作机制、确保任务落实提出了要求。

## 二、政策影响

国务院为促进医药产业发展单独下发《意见》，显示了国家对医药产业"惠民生、稳增长"所发挥作用的认可和重视。《意见》将对医药产业的发展方向、产业格局和产业发展环境产生巨大的影响。

《意见》提出了技术创新、绿色安全、智能发展等产业发展方向，将有效地影响产品和服务的供给：一是激励创新研发和产品、技术的产业化，增加供给，更好地满足群众的用药需求。二是明确支持了医疗器械和中医药两个发展方向，引导市场进行相关布局。三是从生产质量管理、质量控制技术、质量标准体系等方面提出了质量升级的要求，进一步保障药品安全。四是提出绿色发展的要求，在医药产业发展中增加了对环境因素的考虑，使产品生产更加绿色环保。五是鼓励发展新兴业态，推动产业智能发展，进一步增强医药产品的生产制造能力，提升医疗服务水平。

《意见》对产业格局的进行了布局，涉及三个方面：一是优化产业结构，包括产业的组织方式、区域间的协调、产业集聚发展，促进了产业均衡、健康的发展。二是注重医药产业与配套产业的协调发展，对营销体系、物流体系的发展提出了相关建议，促进了产业协作。三是加强国际合作，注重国内外市场的均衡发展。一方面优化出口结构、推动国际注册认证、鼓励企业拓展国际市场，助力医药产品"走出去"；另一方面加大"引进来"力度，完善投资环境和配套设施建设，推动跨国公司在华布局产业链高端环节。

《意见》将对产业发展的环境产生多方面的积极影响。一是加强产业协同监管和诚信体系建设，将有效促进良好市场环境的形成。二是要求衔接医改，健全政府采购机制。这既为医药产业提供了巨大的市场，又为医药产业的发展提出了相应的约束和要求。三是支持创新产品推广和深化审评审批改革，使医药产业的创新升级更为便利。四是从财政金融支持、人才队伍建设等其他方面为产业健康发展营造良好的外部环境。

# 第二节 《关于发挥品牌引领作用推动供需结构升级的意见》

## 一、政策内容

2016年6月，国务院出台《关于发挥品牌引领作用推动供需结构升级的意见》（以下简称《意见》），针对我国品牌发展严重滞后于经济发展，产品质量不高、创新能力不强、企业诚信意识淡薄等问题提出了解决思路。《意见》要求以发挥品牌引领作用为切入点，充分发挥市场决定性作用、企业主体作用、政府推动作用和社会参与作用，围绕优化政策法规环境、提高企业综合竞争力、营造良好社会氛围，大力实施品牌基础建设工程、供给结构升级工程、需求结构升级工程，增品种、提品质、创品牌，提高供给体系的质量和效率，满足居民消费升级需求，扩大国内消费需求，引导境外消费回流，推动供给总量、供给结构更好地适应需求总量、需求结构的发展变化。

## 二、政策影响

一是发展品牌的外部环境逐步优化。政策法规环境方面，《意见》要求政府健全品牌发展法律法规，完善扶持政策，加强自主品牌宣传和展示，倡导自主品牌消费，以多种管理和服务方式为发挥品牌引领作用保驾护航。社会氛围方面，舆论的引导、社会共识的凝聚、消费者信心和自主品牌情感的树立，都将有助于自主品牌的发展。市场环境方面，企业品牌意识增强，行业协会、中介机构作用增强，基础平台的建设，相关人才队伍的培养，都将为品牌发展创造良好的土壤。

二是供给结构逐步改良、升级。发挥品牌的引领作用，将增加供给的品种、增强产品的品质。没有品牌信任，消费者无法确信其差异化的需求能否被企业满足，这类需求将难以在市场中显现。品牌可以激活这类差异化需求，进而刺激市场提供更丰富多元的产品、服务。对于品质差异较大的产品，如农产品，在品牌支撑下更能体现自身的价值，克服市场固有的"劣币驱逐良币"倾向，丰富市场中高端产品的供给。此外，品牌增加了企业盈利，促使企业由低端向高端转型升级，促进了供给结构的改良。

三是企业综合竞争力逐步增强。品牌为企业带来消费者忠诚和产品溢价，是企业核心竞争力的重要组成部分。一方面，形成了品牌的企业，其产品往往更具市场竞争优势，享有品牌带来的溢价。这些额外收益为企业进一步优化供给创造了条件。另一方面，为塑造品牌，或维持品牌带来的额外收益，企业又需要进一步增加产品多元化、差异化的程度，加大在提升质量方面的投入。这一正反馈循环将持续促进企业综合竞争力的增强。

四是需求逐步扩大、升级。需求的扩大升级与供给结构的改变同步，相互影响，是一个不断自我强化的过程。除了前述差异化、高端化需求，品牌还将强化消费者信心，扩大消费需求。在尚不规范的市场（例如农村市场）中，品牌产品将驱逐市场上的"三无"产品，占据其市场空间，释放潜在的消费需求。此外，品牌还将增强企业的国际竞争力，扩大国际需求，进一步拓展企业的生存空间。

## 第三节 《关于加快发展康复辅助器具产业的若干意见》

### 一、政策内容

2016年10月，国务院出台《关于加快发展康复辅助器具产业的若干意见》（以下简称《意见》）。《意见》指出，我国康复辅助器具产业市场潜力巨大，近年来，产业规模持续扩大，产品种类日益丰富，供给能力不断增强，服务质量稳步提升，但仍存在产业体系不健全、自主创新能力不够强、市场秩序不规范等问题。按照《意见》的要求，到2020年，产业规模突破7000亿元，布局合理、门类齐备、产品丰富的产业格局基本形成，涌现一批知名自主品牌和优势产业集群，中高端市场占有率显著提高。为加快产业发展，

《意见》布置了增强自主创新能力、促进产业优化升级、扩大市场有效供给、营造良好市场环境四大任务，提出了相关政策支持和保障措施，必将对未来一段时间康复辅助器具产业的发展产生深远的影响。

## 二、政策影响

一是改善老年人、残疾人、伤病人的生活境况。《意见》要求，促进部分康复辅助器具纳入医保，对贫困残疾人、重度残疾人配置基本型康复辅助器具给予补贴，保险公司和金融机构开发相应金融产品。这些举措扩大了社会保障制度的覆盖范围，使老年人、残疾人、伤病人群体在配置康复辅助器具时能得到资金保障。《意见》重点支持产品创新和服务能力提升，将丰富市场供给，更好地满足公众多层次的需求，改善相关人群的生活境况。

二是促进康复辅助器具企业的蓬勃发展。《意见》鼓励自主创新，通过激励创新人才、搭建创新平台、促进成果转化等手段促进产品和服务的升级，增强了企业的市场竞争力。《意见》在支持企业战略合作和兼并重组，促进规模化、集约化、连锁化经营的同时，也鼓励创新型、创业型和劳动密集型中小微企业专注于细分市场发展，有助于行业生态中各类企业的均衡发展。此外，税收价格优惠、金融服务和财政资金引导、积极营造良好市场环境等一系列保障措施的提出，也将为企业发展壮大提供有力支持。

三是促进产业转型升级。除了直接激励企业以促进产业高端化、精细化发展，《意见》还做出了其他方面的要求：优化产业空间结构，将促进产业在全国范围内合理布局，充分利用各地市场、技术、资源的优势；促进制造体系升级，大力发展生产性服务，将全面提升产业的生产制造、供应链流通、销售服务能力；对接国际标准，提高国际合作水平，将促使产业进一步提升综合竞争力以应对国际市场的竞争。

四是激发康辅助器具从业人员的积极性。《意见》要求培养创新人才和团队，搭建科技创新和技术研发平台，推进成果转化，加强人才队伍建设，这将有助于培养高素质人才队伍，激发创业积极性。大力推广康复医师、康复治疗师与康复辅助器具配置人员团队协作，将有助于明确服务模式，激发行业内不同职业人员的工作积极性。

# 第四节 《关于建立统一的绿色产品标准、认证、标识体系的意见》

## 一、政策内容

为贯彻落实《生态文明体制改革总体方案》，2016 年 11 月，国务院出台《关于建立统一的绿色产品标准、认证、标识体系的意见》（以下简称《意见》）。针对产业发展中管理分散、绿色产品概念不清、标准不统一、认证和标识种类繁多、社会认知及采信程度低等问题，《意见》要求，到 2020 年初步建立系统科学、开放融合、指标先进、权威统一的绿色产品标准、认证、标识体系，健全法律法规和配套政策，实现一类产品、一个标准、一个清单、一次认证、一个标识的体系整合目标。《意见》明确了七大重点任务：统一绿色产品内涵和评价方法，构建统一的绿色产品标准、认证、标识体系，实施统一的绿色产品评价标准清单和认证目录，创新绿色产品评价标准供给机制，健全绿色产品认证有效性评估与监督机制，加强技术机构能力和信息平台建设，推动国际合作和互认。《意见》将对我国绿色市场体系建设和绿色产品供给产生深远影响。

## 二、政策影响

一是促进形成对绿色产品的清晰理解、认识，有效增加市场中绿色产品的供给。"绿色"是描述性的概念，政府、企业、公众对其含义莫衷一是。缺乏精确的定义使得市场主体难以有针对性地进行战略布局，也难以形成关于绿色发展、生态建设的社会共识。《意见》要求统一绿色产品的内涵与评价方法，建立统一的标准、认证、标识体系，这将梳理诸多观念，形成统一的理解、认识，进而形成一套有实际操作性的管理办法，稳定市场预期，激发市场活力，有效刺激市场增加绿色产品的供给。

二是理顺治理体系，营造良好的市场环境。绿色产品标准、认证、标识体系的治理包括不同层次的要素：标准体系框架和标准明细表，绿色产品标识、标准清单和认证目录，各学会、协会、商会等社会团体制定的绿色产品评价团体标准，绿色产品认证有效性评估与监督机制，各职能部门协同的事中事后监管。这些要素构成一个包括顶层设计、标准与认证实施的细则、动态的标准供给机制、认证有效性评估与检查机制、监管力量在内的治理系统，保障了绿色产品市场的有效治理。同时，加强技术机构能力和信息平台建设，加强市场诚信和行业自律机制建设，加强绿色产品宣传推广等举措将进一步营造良好的市场环境。

三是深化国际合作，增强企业在国际市场的竞争力，提升我国在全球治理中的能力。使国内外绿色产品标准接轨，将有助于国内企业合理运用绿色产品技术贸易措施，积极应对国外绿色壁垒，增强企业在国际市场的竞争力。积极参与制定国际标准和合格评定规则，推动我国绿色产品标准、认证、标识制度"走出去"，将增加我国参与相关国际事务的制度性话语权，提升我国参与全球治理的能力。

# 第五节　《关于开展消费品工业"三品"专项行动营造良好市场环境的若干意见》

## 一、政策内容

2016 年 5 月，国务院出台《关于开展消费品工业"三品"专项行动营造良好市场环境的若干意见》（以下简称《意见》）。针对我国消费品工业核心竞争力和创新能力仍然较弱，品种、品质、品牌与国际先进水平相比尚有较大差距，有效供给能力和水平难以适应消费升级需要的问题，《意见》要求，到 2020 年，消费品工业传统优势得到巩固提升，新兴产业不断壮大，供给水平明显提高，创新能力明显增强，质量效益明显改善，市场环境明显优化，产品和服务对消费升级的适应能力显著增强。《意见》分别从增品种、提品质、创品牌三个方面提出包括提高创意设计水平，增加中高端消费品供给，发展智能、健康消费品，发展民族特色消费品；开展国际对标，加强质量精准化管理，推进质量检验检测和认证，保障药品和优质原料供应；提高品牌竞争力，培育知名品牌，完善品牌服务体系，推进品牌国际化在内的十二项主要任务，并提出相关保障措施。《意见》将对消费品行业丰富供给、提升品质、塑造品牌产生深远的积极影响。

## 二、政策影响

一是更好地满足人民群众日益增长的物质和精神需求。中高端消费品，智能、健康消费品供给的增加，直接满足了民众日渐丰富的需求。提高创意设计水平和发展民族特色消费品，丰富了人民群众的精神世界，带动相关产品消费，更好地满足了精神、物质需求。

二是产生良好的社会效益。鼓励提高产品的创意设计水平，将有力激发社会的创新活力；发展民族特色消费品，将促进传统文化的保护、传承和弘扬，同时，还将促进少数民族地区、欠发达地区的经济发展。

三是消费者权益得到更好的保护。提升品质的努力将使质量管理更精细，质量检验检测和认证体系更健全，药品和原材料供应更有保障，从生产源头开始保障了产品质量，从而保护了消费者权益。

四是增强企业的竞争力。企业遵循更严格的质量标准，对企业的生产、服务提出了更高的要求，促使企业加强管理、提升能力。鼓励企业塑造品牌，扩大企业的市场影响和产品溢价，增强企业的综合竞争力。通过质量标准和品牌竞争的国际化，促使企业参与国际市场竞争，将使企业在竞争中学习、成长。

五是促进良好市场环境的形成。消费品市场进入门槛相对较低、地域性较强，导致其竞争激烈，难于形成规范、有序的市场氛围。通过提升品质、塑造品牌，市场将被导向正规化、高端化方向。配套以相关保障措施，市场环境将逐步优化。

# 第六节　《消费品标准和质量提升规划（2016—2020 年）》

## 一、政策内容

2016 年 9 月，国务院出台《消费品标准和质量提升规划（2016—2020 年）》（以下简称《规划》），针对我国消费品标准和质量难以满足人民群众的消费需求，消费品供需错配、品牌竞争力不强，消费环境有待改善，国内消费信心不足等诸多问题，提出了提升消费品标准和质量水平以促进消费品供给侧结构性改革的八个主要任务，包括改革标准供给体系、优化标准供给结构、发挥企业质量主体作用、夯实消费品工业质量基础、加强消费品品牌建设、改善优化市场环境、保障消费品质量安全和提升进出口消费品质量。划定了家用电器、消费类电子产品、家居装饰装修产品、服装服饰产品、妇幼老年及残疾人用品、化妆品和日用化学品、文教体育休闲用品、传统文化产品和食品及相关产品作为提升标准和质量的九个重点领域。《规划》明确了未来五年消费品标准和质量提升的努力方向，将促使消费品行业适应新经济形势，利好于市场中的企业、消费者。

## 二、政策影响

一是消费品质量得到提升，消费者安全得以保障。消费品工业质量基础建设能够为质量认证认可、检验检测提供技术保障和公共服务平台，为提升消费品质量提供了有力支撑。不断创新监管模式、完善消费品质量安全治理体系，从不同途径提升消费品质量：通过打击制假售假，提高假冒伪劣产品进入市场的成本；通过建设信用体系，使质量过关的企业能从守信中获益；促进多元共治，使得消费者、媒体、协会等不同力量积极参与到提升质量的工作中来，保障消费者安全。多管齐下，使消费品质量治理能适应新形势、新要求。

二是消费品标准将更为完善，能更好地服务于产业升级和经济发展的需求。《规划》紧跟服务消费的新热点、新模式，覆盖不同类型的产品和服务，包括个性定制产品、绿色产品、智能消费品、售后服务、物流服务等等，使得消费品标准能与消费品工业转型升级同步。标准供给体系覆盖不同层次：政府主导制定的强制性和推荐性标准体系与市场自主制定的团体标准和企业标准相结合，更能响应市场的需求；国内国际标准相结合，更能紧跟国际体系；技术创新、标准研制和产业化相结合，更能促进产业转型升级。

三是知名品牌将持续增多。从消费者的角度，品牌产品的质量更有保证；品牌建设往往意味着市场上有更为多元、更为差异化的产品供给，往往会带来消费水平的提升。从企业的角度，品牌影响能形成消费者忠诚，扩大市场份额，增加产品溢价，提升企业盈利能力，从不同方面提升企业竞争力。从国家角度而言，引导企业增强品牌和营销意识，夯实品牌发展基础，推动中国产品向中国品牌转变，将提高中国消费品知名度和美誉度，提升中国制造在国际市场的综合竞争力。

四是促进消费品工业的国际化。国内外标准接轨，建立质量监管与贸易便利化相统一的进出口消费品质量安全监管体系，将促进国内市场与国际市场的对接。市场的对接将使国内市场的消费者享有更高质量、更多元的产品供给。同时，国内消费品企业将应对挑战，积极促进产业的转型升级，获得更大的国际市场份额。

五是改善和优化市场环境。对消费者而言，消费维权保护将更便捷，新兴的消费业态如网购消费等的质量、安全都将得到保障，激发消费潜力。对企业而言，标准的完善将促进全国统一开放、公平竞争、优质优价、优胜劣汰市场的形成，进一步保护企业的知识产权，激励企业创新研发。加强质量信息公共服务和质量监管，将营造良好的营商环境，激发市场活力。

六是激活市场主体提升质量的内生动力，促进产品质量持续提升。通过强化企业质量意识、落实企业主体责任、鼓励企业健全质量管理体系，企业能从提升质量、维护质量标准中直接获益。在企业工人层面提倡"工匠精神"，将为生产高质量产品在每一个细节上提供助力；在生产组织层面推广精益制造，将系统性地提升产品质量；在行业竞争层面鼓励企业标准自我声明，有助于将企业间的竞争塑造成在质量领域持续改善的动力。企业内部形成了提升质量的动力，将引领企业全力投入、积极创新以改善质量，促进整个消费品工业产品质量的持续提升。

# 第七节　《医药工业发展规划指南》

## 一、政策内容

2016 年 11 月，工业和信息化部印发《医药工业发展规划指南》（以下简称《指南》）。《指南》回顾了医药工业在"十二五"期间取得的成就，针对"十三五"的发展新形势，要求到 2020 年，规模效益稳定增长，创新能力显著增强，产品质量全面提高，供应保障体系更加完善，国际化步伐明显加快，行业整体素质大幅提升。《指南》从行业规模、技术创新、产品质量、绿色发展、智能制造、供应保障、国际化八个角度提出具体的目标，明确了增强产业创新能力、提高质量安全水平、提升供应保障能力、推动绿色改造升级、推进两化深度融合、优化产业组织结构、提高国际化发展水平和拓展新领域发展新业态八大任务，要求重点推动生物药、化学药、中药、医疗器械、药用辅料和包装系统、制药设备六个重点领域的发展。《指南》是在医药工业领域为落实《国民经济和社会发展第十三个五年规划纲要》和《中国制造2025》做出的重要部署，对指导医药工业健康发展、推进健康中国建设、建设制造强国具有积极意义。

## 二、政策影响

一是促进产业创新。产业创新是一项系统性工程，《指南》对此进行了全面系统的规划。政府发挥引导和推动作用，营造支持创新的政策环境；企业是产业创新的主体；高校、科研院所和医疗机构加强与企业协作，为产业创新增添活力；医疗机构积极参与科技成果转化和应用，加速产业创新社会效益的产生。各个环节共同发力，使产业创新在系统层面得以保障。

二是刺激重点领域的发展。医药工业前期投入大，涉及的法规、监管较多，企业为降低风险，一般倾向于选择政府支持、鼓励的重点领域进行投资、研发。《指南》为市场提供了明确的方向和稳定的预期。《指南》提及中药、"互联网＋医药"等特色领域，将有效刺激企业在这些方向下开拓创新。

三是引导绿色发展、转型升级。《指南》对"十三五"期间单位工业增加值能耗、二氧化碳排放量等绿色发展指标进行了明确规定，将药效规范现有市场主体提升清洁生产水平。《指南》提出建设绿色工厂和绿色园区，提升全行业"环境、职业健康和安全"管理水平，有助于企业在绿色发展的理念下持续改善，进而带动产业转型升级。

四是加强供应保障，改善民生。《规划》提出，保障短缺药品供应，满足多样化的市场需求，建立国家医药储备体系以提升服务保障水平。这将极大地避免罕见病一药难求，个性化、不同层次的用药需求得不到满足等问题，让民众享有更高水平的医疗服务。

# 热点篇

# 第十三章 盐业体制改革推动
# 食盐行业转型升级

2016 年 4 月，国务院印发《盐业体制改革方案》，对盐业体制改革工作作出全面部署。本次改革旨在通过"四改革""四完善""四加强"系列措施，建立公平竞争、监管到位的市场环境，逐步形成符合我国国情的盐业管理体制。本次改革充分考虑了我国国情和各有关方面的改革诉求，兼顾了"改到位"和"保稳定"。改革引入竞争机制的亮点有两个，一方面打破批发资格限制，允许食盐定点生产企业进入流通和销售领域，另一方面打破批发地域范围限制，允许食盐批发企业开展跨区域经营。这两项关键措施的落实，将推动形成全国统一的市场，有利于化解产销矛盾，促进产业结构调整。预计经过一段时期的洗牌，食盐行业集中度将提高，一些大型盐业集团会占据市场主导地位。随着改革的深入，我国食盐的质量安全水平将稳步提升。产销两个阵营的矛盾以及区域割据的矛盾仍将在改革初期频频显现。改革过渡期间，有关部门应尽快出台配套政策规范企业产销行为，并推动相关法规立改废促进依法治盐，同时发展"三品"战略，挖掘盐业市场潜力。

## 第一节 背 景

2016 年 4 月 22 日，国务院印发《盐业体制改革方案》（以下简称《方案》），对盐业体制改革工作做出全面部署。盐业体制改革是党中央、国务院一项重大战略决策，是我国经济体制改革的重要内容。方案旨在立足突出食盐安全、释放市场活力、注重统筹兼顾、坚持依法治盐四项基本原则，在坚持食盐专营制度基础上推进盐行业供给侧结构性改革，通过一系列改革措施，建立公平竞争、监管到位的市场环境，逐步形成符合我国国情的盐业管理体制。《方案》的出台是贯彻落实党的十八大与十八届三中、四中、五中全会和中央经济工作会议精神，进一步完善盐业管理体制的重要举措，对于保障食盐安全，促进行业健康可持续发展，进一步释放市场活力，深入推进供给侧结构性改革具有深远的战略意义。

# 第二节　主要内容

1996年，国务院颁布了《食盐专营办法》，我国自此开始确立食盐专营制度和以此为核心的盐业管理体制。食盐专营制度在我国食盐加碘消除碘缺乏危害，保障食盐安全供应和广大人民群众身体健康等方面发挥了积极作用。但随着我国市场化改革的深入推进，盐业管理体制的一些弊端逐步显现。一是价格形成机制不合理，不能真实反映市场供求关系。二是盐业生产企业呈现"小散乱多"特征，无自主品牌，效率较低，缺乏竞争力，产能严重过剩。三是专营导致行政割据，各自为政，无法形成统一的市场，不利于整个行业优胜劣汰、资源有效配置。四是盐行业产销分离，食盐生产企业和批发企业市场地位不平等，产销企业矛盾突出。五是食盐专营主体政企不分，专营扩大化，盐业批发企业垄断部分工业盐经营等，这些问题都需要改革来调整和完善。在这种背景下，《方案》的出台对盐行业发展无疑具有重大的意义，具体表现在以下方面。

## （一）通过"四改革"破除制度藩篱

一是改革食盐生产批发区域限制。方案提出取消食盐定点生产企业只能销售给指定批发企业的规定，允许定点生产企业进入流通和销售领域，取消食盐批发企业只能在指定范围销售的规定，其中省级食盐批发企业可开展跨省经营，省级以下食盐批发企业可在本省范围内开展经营，同时鼓励盐业企业产销一体，发展现代流通方式。这是本次改革最大的亮点措施之一，有助于化解长久存在的产销分离、利润分配不均的矛盾，同时在行业内引入竞争，提高食盐行业市场化程度。

二是改革食盐政府定价机制。方案提出自2017年1月1日起，放开所有食盐产品出厂、批发和零售价格。价格放开后食盐产品价格由企业根据生产经营成本、食盐品质、市场供求状况等因素自主确定。这将有利于进一步强化市场机制作用，实现食盐产品按质论价、随行就市。至此，我国食盐行业延续近20年的政府定价模式终结。同时，针对可能出现的食盐价格异常波动，方案也对价格管理部门提出了具体要求，做到放管结合。

三是改革工业盐运销管理。方案提出取消各地自行设立的两碱工业盐备案制和准运证制度，取消对小工业盐及盐产品进入市场的各类限制，放开小工业盐及盐产品市场和价格。但仍要严格防止工业盐流入食盐市场。我国部分省区市食盐专营扩大化至工业盐一直饱受诟病，正常经营的工业盐被查扣以及由此产生的行政纠纷屡见不鲜，《方案》出台后这一问题将得到化解，并为各类市场主体公平竞争营造良好环境。

四是改革食盐储备体系。食盐是特殊商品、必需商品，其供应稳定与否关乎社会稳定。方案提出建立由政府储备和企业社会责任储备组成的全社会食盐储备体系，确保自然灾害和突发事件发生时食盐和原碘的安全供应。并根据以往出现的"抢盐潮"时期食盐销售情况和部分省级政府食盐储备情况，对储备量提出了具体要求，

### （二）通过"四完善"提升专营水平

一是完善食盐定点生产制度。《方案》提出不再核准新增食盐定点生产企业，确保企业数量只减不增。鼓励食盐生产与批发企业产销一体。鼓励社会资本进入食盐生产领域，与现有定点生产企业进行合作。我国盐资源丰富，现有企业产能远超需求量，供过于求，此举意在控制现有生产企业数量规模的同时，在行业内部引入竞争机制，并允许社会资本以合作形式进入食盐生产领域，原本处于相对弱势地位的食盐生产企业将大大受益。

二是完善食盐批发环节专营制度。《方案》提出以现有食盐定点生产企业和食盐批发企业为基数，不再核准新增食盐批发企业，鼓励食盐批发企业与定点生产企业兼并重组，其他各类商品流通企业不得从事食盐批发。鼓励国有食盐批发企业在保持国有控股基础上引入社会资本，开展战略合作和资源整合。通过限定经营主体，在保持业内适度竞争的同时，推动盐业企业做优做强。

三是完善食盐专业化监管体制。《方案》首次明确工业和信息化部是国务

院盐业主管机构，主管全国盐业工作，县级以上盐业主管机构负责管理本行政区域内的食盐专营工作。同时提出创造条件将食盐质量安全管理与监督职能移交食品药品监管部门或市场监管部门负责，"创造条件"体现了改革立足实际、渐进实施的特点。

四是完善盐业法律法规体系。鉴于盐业现行《食盐专营办法》《盐业管理条例》《食盐加碘消除碘缺乏危害管理条例》等法律法规的制定出台时间距今时间久远，其中部分规定已与实际及改革要求不符。方案要求相关部门和地方政府抓紧对现行盐业管理法规政策进行清理，按程序提出立改废建议，推动健全法律法规体系，促进盐业健康发展。

### （三）通过"四加强"确保安全底线

一是加强盐业企业资质管理。为强化食盐质量安全，规范企业生产经营行为，食盐行业准入门槛将进一步提高，方案要求相关部门综合考虑技术、卫生等因素，抓紧研究制定新的食盐生产、批发企业的规范条件，这将为未来更严格的准入提供依据，从2018年1月1日起，现有产销企业可以依据新的规范条件申请许可，不达标的企业将被淘汰出局。

二是加强信用体系建设。目前食盐行业各类经营主体素质良莠不齐，而食盐关乎人民群众健康和生命安全，拒绝违法失信者企业和个人进入食盐行业是应有之义，《方案》旨在打造政府依法监管、行业规范自律、社会公众监督和征信机构参与的综合性信用体系，通过建立和完善信用体系建设可以有效净化经营主体，提升行业整体素质。

三是加强科学补碘工作。我国大部分地区属于碘缺乏地区，碘缺乏病防治压力很大，科学补碘是今后一段时期碘缺乏病的主要防治手段，作为最方便易得、安全有效的碘载体，食盐保障供应至关重要。《方案》侧重老少边穷地区合格碘盐的供应，提出要确保合格碘盐覆盖率在90%以上，同时也体现了食盐供应的灵活性，提出要满足特定人群对非碘盐的消费需求。

四是加强应急机制建设。食盐是生活必需品，以往经验表明，由于自然灾害、供应短缺、质量问题等引发的"抢盐"突发事件，极易引起社会恐慌和不良影响。《方案》要求各级盐业主管机构研究制定供应应急预案，在突发事件发生时采取投放储备等措施进行应对，确保市场稳定。

# 第三节　主要影响与启示

本次改革充分考虑了我国国情和各有关方面的改革诉求，兼顾了"改到位"和"保稳定"，并将在以下几个方面对盐行业产生深远影响：

## （一）行业洗牌加剧，龙头企业及产销一体企业将受益

本次改革坚持问题导向，既将完善专营体制，强化食盐质量安全作为改革首要任务，又充分考虑了对原有体制的革新，释放市场活力。引入竞争机制的亮点有两个，一方面打破批发资格限制，允许食盐定点生产企业进入流通和销售领域；另一方面打破批发地域范围限制，允许食盐批发企业开展跨区域经营。这两项关键措施的落实，将推动形成全国统一的市场，有利于化解产销矛盾，促进产业结构调整。需要指出的是，虽然定点生产企业面临着新获批发资质的利好，但对一些生产水平低差、产品质量不过关、原始积累薄弱又不善于拓展市场的生产企业来说，短期内能否建立或寻求到合适的销售渠道仍属未知，被日后出台的更加严格的规范条件挤出的风险较大。与此同时，在告别坐收垄断利益后，对一些经营渠道和手段有限、坐吃山空又不思进取、货源不稳定的批发企业来讲，将面临夹缝中生存的巨大压力。适者生存的法则将在这个曾经封闭的行业发挥作用，竞争将形成盐行业深化改革的倒逼机制，强者愈强，弱者出局。以往产销企业市场地位不平等，利润分配不公的情况将不复存在，实力雄厚、产销一体的龙头企业因其货源、销售渠道不会受制于人，将具有更多的话语权和先发优势。改革将使盐行业迎来一轮兼并重组、结构优化、转型升级的热潮，预计经过一段时期的洗牌，食盐行业集中度将提高，一些大型盐业集团会占据市场主导地位。

## （二）食盐质量持续提高，百姓用盐安全不断强化

确保食盐质量安全是改革的核心前提，随着改革的深入，我国食盐的质量安全水平将稳步提升，具体原因一是企业将提供质量更好的产品以参与竞争，品质将是核心竞争力。二是改革明确放开食盐价格，竞争将促使食盐和

工业盐等非食用盐的价格差大幅减少，制贩假盐的现象将随之减少。三是新修订的《食品安全法》第一百五十一条明确"食盐的食品安全管理，本法未作规定的，适用其他法律、行政法规的规定"，《食品安全法》适用于食盐且优先于其他涉盐法规，随着食盐质量安全管理与监督职能交由食品药品监管部门或市场监管部门负责的条件日益成熟，特别是"最严谨的标准、最严格的监管、最严厉的处罚、最严肃的问责"的食品安全要求背景下，食盐违法行为将被"零容忍"。四是即将出台的规范条件也将对生产经营食盐企业的资质提出更高的要求。

**（三）经营不规范与新设壁垒将共存，改革过渡期攻坚任务仍较重**

改革涉及利益调整，难度不小，不能一蹴而就，《方案》设置了过渡期分步实施改革，给各方以准备和缓冲的时间，平稳有序推动改革。不难预见，由于历史原因，产销两个阵营的矛盾以及区域割据的矛盾仍将在改革初期频频显现。一方面，部分长久压抑的生产企业容易急功近利，还没等到规定的允许入市时间就蠢蠢欲动，提前抢占市场，委托不具有资质的代理商开展批发业务、销售与当地碘浓度要求不符的产品等不规范行为极易发生。另一方面，出于自身利益的考虑，一些地方特别是政企未分的盐业主管机构，可能会以食盐质量安全等理由，利用许可、备案等行政手段设置壁垒进行干预和区域保护，将"外盐"拒之门外。这些问题如若处理不好，容易抵消改革的成果，有关部门应密切跟踪，及时规范。

改革过渡期期间，有关部门应注重从以下几个方面发力：

1. 尽快出台配套政策，规范企业产销行为

应尽快研究制定《方案》中明确的盐业兼并重组、食盐储备与应急管理、食盐企业信用管理、食盐电子追溯体系建设以及食盐企业规范条件等配套文件，这些配套文件的出台和有效落实对确保改革成效、维持食盐市场长治久安至关重要。

2. 推动相关法规立改废，促进依法治盐

国家层面，应尽快推动《食盐专营办法》《盐业管理条例》《食盐加碘消除碘缺乏危害管理条例》的修订进程，同时加大对行业内部的宣传培训力度，提高盐业人员依法行政能力和水平。地方层面，应对与方案精神和国家级法

规要求不符的地方性法规进行及时清理，从根本解决区域割据、地方保护的问题。

3. 发展"三品"战略，挖掘盐业市场潜力

受制于原有体制的僵化，与欧美、日本等发达国家相比，我国食盐产品品种少、品质低、品牌弱的差距十分明显，企业整体竞争优势不强，老百姓多元化的用盐需求没有得到满足。应引导企业实施增品种、提品质、创品牌的"三品"战略，从供给侧入手，积极进行研发和市场开拓，提高中高端产品供给能力，不断满足人民群众食盐消费升级的需要。

# 第十四章　仿制药一致性评价新政将使医药行业重新洗牌

2015 年 11 月 18 日，国家食品药品监督管理总局发布了《关于开展仿制药质量和疗效一致性评价的意见（征求意见稿）》（2015 年 第 231 号）。按意见要求，大部分仿制药需在 2018 年年底之前完成仿制药一致性评价，否则将被注销批准文号。相比于 2013 年的 34 号文，该意见具有强制性，针对性更强。该意见实施有助于提升我国仿制药整体水平，带动创新药市场，提高行业集中度，促进仿制药出口。但同时，也会加速仿制药行业洗牌，影响低价药和小品种药供给，诱发药价上涨。为此，建议从建立低价药和小品种药短缺预警，出台普药仿制药扶持政策，完善配套政策等方面入手，缓解政策出台对于医药产业发展带来的不利影响。

## 第一节　背　景

仿制药是相对原研药而言的，原研药是指过了专利期的进口药物，仿制药是指复制了原研药主要分子成分的药物。作为仿制药生产大国，在我国已有批号的 18.9 万个药品中，仿制药占到 95% 以上。但由于标准低或是操作不规范等原因，我国多数仿制药的生物等效性与原研药有着较大差距。为提高仿制药质量，国家食品药品监督管理局于 2013 年初发布《关于开展仿制药质量一致性评价工作的通知》（国食药监注〔2013〕34 号，以下简称《通知》），决定对《药品注册管理办法》（2007 年修订）实施前批准的基本药物和临床常用仿制药分期分批进行质量一致性评价。《通知》发布以来，有序推进仿制药取得一定成效，但因强制性、操作性、针对性不强等原因，仿制药整体质量提升有限。为此，2015 年 11 月 18 日，国家食品药品监督管理总局发布《关于开展仿制药质量和疗效一致性评价的意见（征求意见稿）》（2015年第231号，以下简称《意见》）。《意见》明确指出，2007年10月1日前批准的《国家基本药物目录（2012年版）》中化学药品仿制药口服固体制剂必须在2018年底之前完成一致性评价，否则将注销批准文号。其他仿制药则是自首家品种通过一致性评价后，其余相同品种在3年内仍未通过评价的，也将被注销批准文号。由于此次发布的《意见》具有强制性、可操作性、针对性，且有明确的时间节点要求，所以《意见》一出立即引起业内外高度关注，部分仿制药企业如坐针毡。

# 第二节　主要内容

为提升我国制药行业整体水平，保障药品安全性和有效性，促进医药产业升级和结构调整，增强国际竞争能力，从而更好地开展仿制药质量和疗效一致性评价工作，国务院办公厅印发《关于开展仿制药质量和疗效一致性评价的意见》。根据《国务院关于改革药品医疗器械审评审批制度的意见》（国发〔2015〕44号），经国务院同意，现就开展一致性评价工作提出如下意见：

（1）明确评价对象和时限。化学药品新注册分类实施前批准上市的仿制药，凡未按照与原研药品质量和疗效一致原则审批的，均须开展一致性评价。《国家基本药物目录（2012年版）》中2007年10月1日前批准上市的化学药品仿制药口服固体制剂，应在2018年底前完成一致性评价，其中需开展临床有效性试验和存在特殊情形的品种，应在2021年底前完成一致性评价；逾期未完成的，不予再注册。

化学药品新注册分类实施前批准上市的其他仿制药，自首家品种通过一致性评价后，其他药品生产企业的相同品种原则上应在3年内完成一致性评价；逾期未完成的，不予再注册。

（2）确定参比制剂遴选原则。参比制剂原则上首选原研药品，也可以选用国际公认的同种药品。药品生产企业可自行选择参比制剂，报食品药品监管总局备案；食品药品监管总局在规定期限内未提出异议的，药品生产企业即可开展相关研究工作。行业协会可组织同品种药品生产企业提出参比制剂选择意见，报食品药品监管总局审核确定。对参比制剂存有争议的，由食品药品监管总局组织专家公开论证后确定。食品药品监管总局负责及时公布参比制剂信息，药品生产企业原则上应选择公布的参比制剂开展一致性评价工作。

（3）合理选用评价方法。药品生产企业原则上应采用体内生物等效性试验的方法进行一致性评价。符合豁免生物等效性试验原则的品种，允许药品生产企业采取体外溶出度试验的方法进行一致性评价，具体品种名单由食品药品监管总局另行公布。开展体内生物等效性试验时，药品生产企业应根据仿制药生物等效性试验的有关规定组织实施。无参比制剂的，由药品生产企业进行临床有效性试验。

（4）落实企业主体责任。药品生产企业是一致性评价工作的主体，应主动选购参比制剂开展相关研究，确保药品质量和疗效与参比制剂一致。完成一致性评价后，可将评价结果及调整处方、工艺的资料，按照药品注册补充申请程序，一并提交食品药品监管部门。国内药品生产企业已在欧盟、美国和日本获准上市的仿制药，可以国外注册申报的相关资料为基础，按照化学药品新注册分类申报药品上市，批准上市后视同通过一致性评价；在中国境内用同一生产线生产上市并在欧盟、美国和日本获准上市的药品，视同通过一致性评价。

（5）加强对一致性评价工作的管理。食品药品监管总局负责发布一致性评价的相关指导原则，加强对药品生产企业一致性评价工作的技术指导；组织专家审核企业报送的参比制剂资料，分期分批公布经审核确定的参比制剂目录，建立我国仿制药参比制剂目录集；及时将按新标准批准上市的药品收入参比制剂目录集并公布；设立统一的审评通道，一并审评企业提交的一致性评价资料和药品注册补充申请。对药品生产企业自行购买尚未在中国境内上市的参比制剂，由食品药品监管总局以一次性进口方式批准，供一致性评价研究使用。

（6）鼓励企业开展一致性评价工作。通过一致性评价的药品品种，由食品药品监管总局向社会公布。药品生产企业可在药品说明书、标签中予以标注；开展药品上市许可持有人制度试点区域的企业，可以申报作为该品种药品的上市许可持有人，委托其他药品生产企业生产，并承担上市后的相关法律责任。通过一致性评价的药品品种，在医保支付方面予以适当支持，医疗机构应优先采购并在临床中优先选用。同品种药品通过一致性评价的生产企业达到 3 家以上的，在药品集中采购等方面不再选用未通过一致性评价的品种。通过一致性评价药品生产企业的技术改造，在符合有关条件的情况下，可以申请中央基建投资、产业基金等资金支持。

# 第三节　主要影响

## （一）仿制药格局将重新调整

一是大量文号将消失。仿制药一致性评价新政中明确，2007 年 10 月 1 日前批准的《国家基本药物目录（2012 年版）》中化学药品仿制药口服固体制剂，应在 2018 年底之前完成一致性评价，否则将注销药品批准文号。一方面我国 95% 的仿制药上市许可证都是 2007 年之前批准的，另一方面口服固体制剂包括药片、胶囊、颗粒、滴丸、膜剂等剂型，这类药品占所有化学仿制药的 70% 以上。两方面决定了几乎大部分仿制药都要在 2018 年底前完成一致性评价，否则会被注销文号。而企业通过仿制药一致性评价需要增加研发投入和一致性评价外包服务投入，考虑到投入产出比，企业势必会放弃部分不经济品种的一致性评价，这将带来大量文号在 2018 年底的集中消失。二是品质优良的仿制药占比将提高。一方面，对于大企业来说，拥有的文号多则上千个，少则几百个，在 2018 年前，如果全部通过仿制药一致性评价，需要投入的人力和财力都不可估量，所以大企业会进行产品线整合，只会保留首仿药和市场占有率高的仿制药等有竞争优势的品种进行仿制药一致性评价，其他品种则会被注销文号。另一方面，对于小企业来说，生产的仿制药多属于完全竞争的普药品种，市场份额价格弹性较大，当仿制药一致性评价带来成本上升时，企业会主动选择淘汰劣质仿制药。所以，一致性评价新政如若实施，首仿药和质量疗效好的普药占比将增大。

## （二）低价药和小品种药短缺或将加剧

低价药的特点是药品价格低，很多都接近甚至低于成本价。小品种药的特点是用量小，生产成本较高。在不进行一致性评价的情况下两个品种对于企业来说都属于没有利润空间的产品，没有生产动力，有的品种甚至已经停产。在仿制药需要通过一致性评价才能上市的情况下，企业首先会考虑成本产出比，会优先选择销量大价格高的品种进行仿制药一致性评价。而低价药和小品种药，因价格低和用量小，进行一致性评价会增加企业成本，企业会倾向选择放弃一致性评价，低价药和小品种药存在断供风险。

### （三）诱发仿制药价格上涨

进行仿制药一致性评价对于企业来说，一方面需要完成药学等效性（PE）评价，更需要完成生物等效性（BE）和治疗等效性（TE）评价，另一方面还要重新进行文号注册审批，这两方面都会增加企业生产成本。虽然仿制药一致性评价新政对于通过仿制药一致性评价的企业有医保支付方面予以支持、医疗机构优先采购、技术改造给予支持等鼓励政策，但是扶持政策只是起到缓冲效果，并不能完全抵消一致性评价给企业带来的成本上升，所以这种成本的上升势必会体现在药品价格里，带来仿制药价格的整体上涨，即使医保给予政策倾斜后，对于广大患者尤其是慢性病患者也会增加一定的负担。

# 展望篇

# 第十五章　主要研究机构预测性观点综述

2017 年全球主要研究机构对医药、纺织、食品等消费品工业发展趋势进行预测综述。一是 Evaluate Pharma 发布了 2017 年全球制药业前瞻报告，预测辉瑞和阿达木单抗将分别占据制药企业行业第一和单个药品年销售额第一的地位，同时提出"阿达木单抗、来那度胺"等 7 大畅销药受竞争威胁。二是投壶网预测 2017 年我国医药行业仍处于一个艰难困苦的改革阵痛期。原因包括全球经济仍可能处于低迷状态，两票制、一致性评价等政策落地，医保控费更加严格等。而中医药、大健康产业、医药电商将有不错的发展机会。三是中国纺织工业联合会预测 2017 年纺织工业发展将迎来新的机遇。创新驱动、智能制造为总纲的宏观政策，绿色制造体系建设，国家大力实施"三品"战略，国家深入推进"一带一路"倡议布局等能有效引导纺织企业技术装备、产品创新水平提升，构建企业核心竞争力，参与国际产能合作和优势资源配置。四是光明集团、荷兰合作银行等机构预测了 2017 年食品工业发展趋势。包括全球经济增长缓慢，人民币汇率波动将给中国食品产业的战略布局提出更高要求。传统食品农业行业及其销售业态面临巨大挑战，竞争加剧。食品行业产业链一体化进入规模化整合、均衡性发展的新阶段。日常主副食品消费增长趋缓，品类结构显著升级。

## 第一节　医　药

### 一、2017 全球药市前瞻：7 大畅销药受竞争威胁（Evaluate Pharma）

Evaluate Pharma 最新发布了 2017 年全球制药业前瞻报告，以下几点值得关注：一是辉瑞（Pfizer）仍旧牢牢占据制药行业第一的地位，2017年其全球处方药与OTC的销售额预计接近500亿美元，很大一部分归功于对赫升瑞（Hospira）的并购。诺华与罗氏将齐头并进，分列2、3位，2017年处方药与OTC的销售额预计均为425亿美元。赛诺菲、默沙东、强生与葛兰素史克（GlaxoSmithKline）依次占据全球药企Top 10的中游位置，2017年预测的收入范围为312亿美元（GSK）—399亿美元（赛诺菲）。艾伯维（AbbVie）、吉利德与仿制药巨头梯瓦（Teva）瓜分了榜单中剩余的席位，其2017年的收入预计均为200多亿美元。

阿达木单抗以176亿美元的年销售额傲视群雄，对许多制药企业而言，得依靠其整体产品线才能达到这一巨额数值。不过，艾伯维（AbbVie）的"好日子"也不长了：阿达木单抗的生物类似药威胁正步步逼近，预计最快会在2018年上市，同时2017年全球十大畅销药中还有其他6个产品也将受到竞争威胁。位于榜单第2位的来那度胺（Revlimid）依旧坚挺，该药是新基医药（Celgene）近年来的增长支柱，并将继续保持。据预测，2017年该药的年销售额为81亿美元，在另一份报告中，Evaluate Pharma预测其2022年的销售额将达130亿美元。辉瑞的肺炎疫苗沛儿（Prevnar 13）得益于其长时间的专利保护期，2017年的年销售额预计将为60亿美元。对比2015年的情况，这个成绩略显逊色，一个很重要的原因是其败给了自己：沛儿无比迅速地覆盖了市场，以至于没留下多少空白待填补。拜礼来与勃林格殷格翰（Boehringer Ingelheim）的生物类似药（计划本月在美国上市）所赐，赛诺菲的来得时（Lantus）直接跌落至2017年全球畅销药Top 10的榜尾，预测的年销售额从2016年的69亿美元降至2017年的52亿美元。此外，辉瑞获批的英夫利昔单抗（Remicade）的生物类似药，也将强生（Johnson & Johnson）有望在该药上获得的59亿美元销售额置于风险中。与此同时，诺华旗下山德士（Sandoz）的依那西普（Enbrel）生物类似药已经获得FDA批准，但安进（Amgen）仍在通过专利法庭延阻其上市。此外，罗氏的三大畅销产品利妥昔单抗（Rituxan）、贝伐单抗（Avastin）与曲妥珠单抗（Herceptin）将分列2017年全球畅销药Top 10榜的第3、4、6位，均在接下来几年内面临生物类似药的竞争。

## 二、中国医药行业仍处于一个艰难困苦的改革阵痛期

根据投壶网预测，2017 年我国医药行业仍处于一个艰难困苦的改革阵痛期。一是全球经济仍可能处于低迷状态，对于医药产品出口带来一定的压力，中国经济增速也将不如从前，预测明年 GDP 增速为 6.5%，IMF 等机构预测中国 GDP 增速为 6%—6.8%，国际上不少研究机构对中国经济的预测略有下调，中国经济明年仍会在低谷徘徊。二是 2017 年是医药行业洗牌的关键年。两票制、一致性评价等政策落地的关键年，优质的企业将获得更好的发展，不合规的企业将被淘汰。三是医保控费明年会更加严格。按照国务院整体规划，医保控费将会进一步强化。医疗费用增幅控制在 10% 以内，医院药占比控制在 30% 以内，医保支付价受控都会在明年进一步遏制医院终端的增长。四是药品研发的方向将由仿制药为主逐渐向创新药转移，通过资本手段购买海外药品的专利权及销售权也会变得越来越热。五是中医药受国家政策支持市场份额将会有所增长，中成药大品种会有更大的发展机遇。六是大健康产业也将会有一定的发展。目前全国已经有超过 300 家医院开设营养科，其中以三甲医院居多。七是医药电商会随着监管政策的越来越合理而带来更好的发展。未来医药互联网交易宏观环境将持续利好，不仅有公众互联网购物习惯发生改变，宏观配套政策也长期利好医药电商的发展。在物流层面，新型配送商模式有望满足药品即时配送要求，使购物流程变得更加通畅和便捷，解决即时配送难题。

总体来看，医药行业在 2017 年仍会处于改革的阵痛期，不仅会受到宏观经济的影响，受国家政策影响更为突出，也会使行业向着更合理的方向发展，效益、创新、质量、合规仍是 2017 年医药行业的关键词，或许还可以加上资本这个词。

# 第二节　纺　织

——2017 年纺织工业发展迎来新的机遇（中国纺织工业联合会）

2017 年，在纺织工业"十三五"发展规划、"纺织强国"建设纲要、"一

带一路"发展战略等宏观政策的指导下，我国纺织工业发展迎来新的机遇：一是以创新驱动、智能制造为总纲的宏观政策有利于进一步推动纺织技术装备、产品创新水平的全面提升，推进企业智能化生产线的建设，发展大规模个性化定制。二是绿色制造体系建设为纺织工业转型发展指明了方向，倒逼企业加快技术改造，为可持续发展打下坚实基础。三是国家大力实施"三品"战略，有助于引导企业构建核心竞争优势，参与国际竞争。四是国家深入推进"一带一路"倡议布局，能够有效引导企业通过国际产能合作开展全球生产力布局和优势资源配置。

## 第三节　食　品

——2017中国食品产业发展八大趋势（光明集团、荷兰合作银行）

趋势1：全球经济增长缓慢且伴随风险，人民币汇率波动将给中国食品产业的战略布局提出更高要求。

展望2017年，全球范围内经济形势和金融市场前景仍不确定。美国、欧洲经济增长缓慢，政治风险不断凸显。中国经济虽然增长平稳，但同样面临债务风险，同时，还可能受到来自美国、欧洲经济和政治的负面影响。外部环境的不确定性进一步加大了国内消费对于经济可持续增长的重要性，而人民币汇率仍面临波动，在农产品进口需求、原材料成本、境内外融资以及海外并购等诸多方面，将对中国食品及农业的未来发展产生不同程度的影响，需要企业从战略上去把控风险，捕捉机会，积极应对。

趋势2：经济社会转型期中，传统食品农业行业及其销售业态面临巨大挑战，竞争加剧。

2016年上半年，有将近一半的包装食品公司面临着营业收入或净利润的下滑。零售渠道方面，全国50家主要零售商的营业收入同比下降3.1%，而全国消费品零售总额保持在10.7%左右。对消费者来说，经济增长放缓、房价飙升等因素增加了他们对未来的不确定性，包括在工作、教育、健康和生活上的焦虑，而消费也变得日益谨慎，并尽量减少日常不必要的开支。随着人们整体生活水平的提高，消费者生活开支的比重从日常所需的食物或日用必需品逐渐转向体验式的或者着重生活品质提高的非快消类产品或服务上。由此而快速成长的品类包括宠物食品、高端酸奶、娱乐、旅游、教育、健身及保健、空气净化以及水处理等。这背后恰好折射了不断成熟的消费者和他们不断变化的消费需求。因此，对国内食品农业行业及其销售业态来说，传统市场的增长空间受到限制，市场竞争日益加剧。

趋势3：社会发展持续推动消费需求由多转优，80后消费习惯、老龄化、二胎效应将引领未来食品消费市场的增长。

主要有以下三点：（1）80后消费能力逐渐提升，消费理智、注重品质；（2）老龄化趋势明显，保健品、健康食品受青睐；（3）二胎政策放开，婴幼儿配方奶粉需求有望增长。

中国政府于2015年提出完善人口发展战略，"全面实施"一对夫妇可生育两个孩子政策。"全面两孩"政策的实施，预计将在一定程度上温和提升未来五年的新生婴儿出生数，对于整体食品消费增长的推动效应，则将逐步在未来较长的时间得以体现。在短期而言，直接与婴童相关的用品，尤其是婴幼儿配方奶粉的消费将会得到明显的提振。我们预计，未来五年内，婴幼儿配方奶粉的消费量将从原先估计的7%—8%的年均复合成长率上升至年均9%—10%。

趋势4：日常主副食品消费增长趋缓，品类结构显著升级。

在过去一段时间内，乳制品、粮油制品、肉类等日常主副食品行业板块消费增长普遍趋缓。消费者在日常饮食消费中愈发注重安全、健康等品质，趋向更高端的产品。消费需求和销售模式的变化给从业公司带来冲击，但是也提供新的发展机遇。（1）乳制品行业低速增长，黄油、乳酪等乳制品消费仍有显著上升空间；（2）粮油制品整体消费增长趋缓，小包装大米取代散装产品，油品结构日益丰富；（3）肉类消费增长趋缓，牛肉消费有很大增长空间。

趋势5：市场对包装食品饮料的健康、安全、美味等品质提出更高要求。

一是健康意识和食品安全问题。"健康"不再是一个停留在营销层面的概念，而是成为一种日常的生活方式，尤其体现在一线城市。二是品质价值与营养生态。三是越来越难满足的口味需求与新鲜感。当消费者周围的选择越来越多样化时，他们对食物的要求也越来越高。对于包装食品生产加工企业来说，一方面，需要不断有新的产品推出，吸引消费者的关注，引发尝试意愿；另一方面，新产品每次都要能让人耳目一新，持续吸引消费者购买，并增加品牌的整体喜好度和黏性。

趋势6：消费者更加注重高品质的生活方式，西式饮食、进口食品被广泛接受。

西方发达国家一般被认为是高品质生活方式的代表，随着各类西式休闲餐饮的蓬勃发展，西方的饮食和生活习惯正在被越来越广泛地接受。比如，咖啡生产消费的快速增长、色拉的流行、橄榄油的兴起、黄油奶酪的使用，以及各种西式糕点的进入和日常生活化等等。

趋势7：商业模式转型成为企业发展的重要内容，以适应新的市场机遇与挑战。

面对传统市场增长放缓、竞争日益加剧的不利局面，国内食品农业公司正在积极采取横向整合、跨界合作、资产轻量、拓展渠道等一系列应对措施。（1）通过同业间兼并，做大市场份额；（2）进入新的细分领域或者跨界合作；（3）采取轻资产化的运作模式；（4）渠道的拓展和整合。

趋势8：食品行业产业链一体化进入规模化整合、均衡性发展的新阶段。

如今，食品产业从业机构都面临更大市场压力。首先，随着大众消费意识的提升，食品产业各环节被要求以更少的资源完成更多、更好的生产。这给公司在迎合消费者需求、提升效率等方面带来更多的挑战。其次，市场上农产品价格整体上涨，波动性加大，产业链下游各环节要设法应对更大的成本和风险。增强产业链各环节间的合作可以为整个产业链提供更加平稳的增长环境，有效地缓解面对的压力。食品行业产业链整合成为必然趋势。

# 第十六章　2017年中国消费品工业发展走势展望

2017年消费品工业整体运行走势方面，一是经济进入稳定增长期，生产增速小幅提升。随着供给侧结构性改革的持续推进，消费品工业行业去库存、补短板成效将初步显现。产业发展的内外部环境逐渐好转，生产增速有望小幅回升。预计2017年，轻工业、纺织工业、医药工业三大行业工业增加值累计增速在6.7%、6%、11%左右。二是外贸新优势加快培育，出口形势持续好转。三是政策红利加速释放，内需增长企稳回升。重点行业方面，一是医药工业发展持续向好，产业集中度提高，企业创新更加活跃。同时需要注意企业成本压力增大、药品供应波动或将加剧、国产医疗器械应用困局难破等问题。可采取加大政策扶持力度、切实保障药品供应、多举推进国产医疗器械应用、全面推进绿色发展、加强行业运行监测和发展指导等措施应对。二是纺织工业生产增速有所增加、出口形势持续好转、内需有望小幅反弹。三是食品工业高端市场开拓大有可为，食品安全需求不断攀升，行业整合趋于增速，劳动力成本压力凸显。四是轻工行业将呈现平稳增长、格局分化等态势。

## 第一节　整体运行走势

### 一、经济进入稳定增长期，生产增速小幅提升

2017年，随着供给侧结构性改革的持续推进，消费品工业行业去库存、补短板成效将初步显现，产业发展的内外部环境逐渐好转，生产增速有望小幅回升。首先，国内宏观调控"稳中求进"的总基调不变，财政政策仍将维

持较为积极的水平，并适度加大力度。其次，2017年各项规划进入实施期，前期的固定资产投资将陆续转化为产能，尤其是医药工业领域，随着新版GMP改造的完成，产能将加速释放。最后，"三品"战略全面推进，工业转型升级资金以及其他各种专项资金对消费品工业尤其是儿童用品、儿童食品、儿童药品以及中药材等重点领域的支持力度加大，有利于推动生产增速回升。但在经济下行压力持续的大背景下，消费品工业企业特别是大量中小微企业面临的融资、节能减排、转型升级压力依然不减，生产增速不会出现大的波动。

预计2017年，轻工业、纺织工业、医药工业三大行业工业增加值累计增速在6.7%、6%、11%左右。

## 二、外贸新优势加快培育，出口形势持续好转

2017年，消费品工业出口形势预期相对乐观。一是世界经济持续温和复苏，主要经济体经济回暖迹象明显。IMF预计，2017年全球经济增长3.4%，其中发达国家增长1.8%，新兴经济体增长4.6%，均较2016年有所提高。二是随着"三品"战略的深入实施，技术、品牌、质量、服务等竞争新优势正在加速形成，消费品工业出口增长的内生优势正加速形成。三是随着国家"一带一路"、产能合作战略的持续推进，《区域全面经济伙伴关系协定》（RCEP）、中日韩、中国—海合会、中国—以色列、中国—斯里兰卡等自贸区谈判取得阶段性进展，新的外贸空间将被挖掘。四是未来较长一段时间内人民币将在合理均衡水平上保持基本稳定，有利于消费品工业出口的稳定。

预计2017年，轻工业、纺织工业、医药工业三大行业出口交货值累计增速在3.5%、2%、9%左右。

## 三、政策红利加速释放，内需增长企稳回升

2017年，随着国家各项政策红利的释放，消费品工业内需增长有望企稳回升。一是新型城镇化的深入推进带来食品、家具、纺织品、服装、文教娱乐用品等相关领域日常需求的增加。二是"全面二孩"政策实施，新生儿数量阶段性增加推动功能食品、药品等产品需求的增长，而医保体系的日趋完善以及医改的深入推进，也为需求增长提供了保障。三是"三品"战略通过

"结构调整、质量提升、价值增值"进行资源整合，在提高全要素生产率的同时也能够有效拉动投资和促进国内消费。四是"十三五"规划的一些重点项目将在2017年全面启动，行业固定资产投资有望增加。

预计，2017年我国消费者信心指数将达106，社会消费品零售总额全年增速有望达11%。

# 第二节　重点行业发展走势展望

## 一、医药

### （一）医药工业发展持续向好

2016年，我国医药工业发展呈现明显的回暖态势，各主要经济指标增速均出现不同程度的回升。一是工业增加值增速领先全工业。2016年1—9月，规模以上医药工业企业工业增加值同比增长了10.4%，高出同期整个工业增速4.4个百分点。与2015年同期及全年相比，工业增加值增速分别提高了0.4个和0.6个百分点。1—9月，医药工业增加值占整体工业比重为3.3%，较2015年同期占比提高了0.3个百分点，医药工业对整个工业经济的贡献进一步加大。二是主营业务收入稳定增长。2016年1—9月，规模以上医药工业企业实现主营业务收入21034.1亿元，同比增长10.1%，高出全国工业整体增速6.4个百分点，增速较上年同期提高1.0个百分点。各子行业中，中药饮片加工增长最快，医疗仪器设备及器械制造次之。与2015年同期增速相比，中成药制造、卫生材料及医药用品制造和化学药品制剂制造增速均大幅提高，分别回升了2.1个、1.6个和1.5个百分点。三是利润总额增速明显提高。2016年1—9月，规模以上医药工业企业实现利润总额2200.9亿元，同比增长15.6%，高于全国工业7.2个百分点，较2015年同期相比提高2.7个百分点。各子行业中，医疗仪器设备及器械制造表现最为抢眼。预计2017年，规模以上医药工业企业利润总额增速有望突破20%。四是出口交货值增速小幅上扬。2016年1—9月，规模以上医药工业企业实现出口交货值1411.2

亿元，同比增长8.2%，增速与2015年同期相比提高了4.7个百分点，出口形势明显改善。

进入2017年，我国医药工业发展面临的国内外环境将有明显的改善。国际方面，发达经济体医药市场增速回升，新兴经济体市场需求强劲，生物技术药物和化学仿制药在用药结构中比重加大，"一带一路"倡议全面推进，为我国医药工业出口、结构调整和企业"走出去"带来新的机遇。国内方面，供给侧结构性改革的全面推进，国家对医药工业的政策扶持力度的不断加大，国民健康及预防保护意识不断增强，"全面二孩"政策实施，居民可支配收入稳步增加，《中国制造2025》《健康中国2030规划纲要》《医药工业发展规划指南》以及"三品"战略等重大战略和规划相继实施。这些都将对我国医药工业发展形成助推，促进医药工业发展继续回暖。

预计2017年全年，医药工业增加值增速提高至12.0%左右，规模以上企业主营业务收入增速不低于11.0%，规模以上企业利润总额增速有望突破20.0%，出口交货值增速预计可达10.0%左右。

**（二）产业集中度将提高**

一方面，优化组织结构是《医药工业发展规划指南》的一项重要任务。按照《医药工业发展规划指南》，"十三五"期间，注册、质量、节能、环保、安全生产等标准将提高，强制性清洁生产审核将日趋严格，绿色改造和兼并重组有序推进，国家治理雾霾力度持续加大，部分领域尤其是环境敏感性的化学原料药的新增产能将得到有效控制，既有的相对落后产能会逐步退出。另一方面，仿制药质量和疗效一致性评价全面推进，大量的中小仿制药生产企业以及部分大型制药企业受制于高昂的评价成本会逐步退出或放弃部分品种的生产。两方面作用的结果将有力改善医药工业的组织结构，大中型医药工业企业的地位将进一步突出，产业集中度将会提高。

**（三）企业创新更加活跃**

生物医药和高性能医疗器械是《中国制造2025》《健康中国2030规划纲要》《医药工业发展规划指南》《产业技术创新能力发展规划（2016—2020）》等国家级规划支持发展的重要领域，《关于开展消费品工业"三品"专项行动营造良好市场环境的若干意见》明确指出，将支持康复辅助器具、健身产品、智慧医疗产品等健康类消费品的发展，"重大新药创制""数字诊疗装备研发""艾滋病和病毒性肝炎等重大传染病防治"等国家科技计划、工业转型升级等专项对生物医药、高性能医疗器械的扶持力度持续加大，创新药和医药器械注册审批不断完善。规划的有力引导和政策的强力扶持为企业的技术创新指明了方向，将极大激发企业的创新活力与创新动力。

### （四）需要注意的几个问题

1. 企业的成本压力增大

2017年医药工业企业面临的成本压力将进一步加大。首先，仿制药质量和疗效一致性评价全面推进，90%以上的医药工业企业将受到冲击。按照业内的估算，一个品种的评价成本约600万元。中小医药工业企业本身实力较弱，难以承受高昂的评价成本。对于大企业而言，由于涉及的品种有几十个甚至几百个，评价成本同样难以承受。其次，节能、环保、安全生产等标准的提高和强制性清洁生产审核的日趋严格，企业面临的环境成本同样不可忽视。再次，原料药、中间体、中药材短缺导致的价格上升以及人口红利的消失也间接增加了产业链下游企业的生产成本。

2. 药品供应波动或将加剧

药品供给保障问题近年来日益突出。进入2017年，受政策和市场失灵的影响，药品供给波动或将进一步加剧。首先，全面推进的仿制药一致性评价将对部分临床必需、不可替代的药品和低价药供给产生重要影响。受制于药品本身的盈利空间、企业实力、评价成本等多重因素的影响，部分企业可能会主动放弃部分品种质量和疗效的一致性评价进而停产，市场断供风险不可忽视。其次，日益高涨的环保压力、国家治理环境污染力度的持续加大和排放标准的不断提高，可能会导致部分化学药尤其是原料药生产企业因排放不达标而限（停）产，部分药品的生产和市场供应问题将会出现，市场短缺或将难免。最后，药品招标采购、降低药占比、医保控费等举措将会进一步挤压部分处方药、尤其存在市场失灵的儿童药、罕见病用药的利润空间和市场空间，导致部分药品生产无利可图而停产，市场短缺或将加剧。

3. 国产医疗器械应用困局难破

近年来，虽然国产医疗设备和耗材质量持续改进，部分耗材已经接近或超过发达国家水平，国家也出台了首台套保险补偿试点、控制医疗机构检查费用不合理上涨等政策来鼓励国产医疗器械尤其是大型医疗设备的应用，但受制于政策、观念等原因，国产医疗器械在我国市场受到冷落，"进口替代"收效甚微。首先，进口医疗器械数量特别是高性能医疗设备在医院评级过程中被当作重要的参考指标。在新医改持续推进的大背景下，医院竞争压力加大，为了生存，医院"晋级"欲望会更加强烈。受此影响，公立医院采购进口医疗设备的倾向会进一步强化，国产医疗设备被冷落的局面难言根本性改变。其次，多数医院为减少设备使用过程中产生的医疗风险，盲目崇拜进口设备，而不注重相关技术质量指标。最后，医疗器械采购环节存在较多不合规行为。部分单位采购过程中经常以参数和指标等要求作为采购设备的要件，导致国产医疗设备难以入围。

**（五）应采取的对策建议**

1. 加大政策扶持力度

一是加强对仿制药质量和疗效一致性评价工作的协调，对于部分评价难度大、成本高的品种的一致性评价建议给予一个过渡期以降低企业的成本压力。建议将仿制药质量和疗效一致性评价列入 2017 年国家及地方相关专项资金的扶持的范畴，将仿制药企业主动选购参比制剂开展相关研究支出列入增值税抵扣范畴，对于重大疾病用药、儿童药、罕见病用药、短缺药和税率明显过高、进口需求弹性较大的重要原料药等给予进一步税收优惠。协调各类金融机构，增加对相关重点仿制药企业开展仿制药质量和疗效一直性评价的授信额度，减低抵押物要求，提高风险容忍度。二是认真落实国家有关高新技术企业、中小微企业、新购设备增值税抵扣、固定资产加速折旧、阶段性降低社会保险费率以及其他降低实体经济负担的相关政策，取消一切不合理的收费与规费，切实减轻医药企业负担。三是完善药品集中采购政策，推动"质价一致"，取消原研药价格保护制，给予通过一致性评价的仿制药同等中标政策。四是持续加大对医药工业企业自主创新、新产品开发、绿色发展、智能制造等方面的政策与资金扶持力度，进一步优化注册审批流程，激发企业活力。

2. 切实保障药品供应

一是围绕近两年社会反映强烈的低价药、临床儿童用药短缺和部分罕见病用药进口依赖问题，继续以定点生产或委托生产等形式组织重点骨干企业生产，切实保障市场供给，确保产品质量。二是充分发挥完善国家医药储备体系，加强国家储备与地方储备的互联互通和联动，增加市场短缺程度高、需求量较大、价格波动明显的药物储备，优化实物储备结构，丰富储备方式，增加技术、产能和信息储备。重点是结合仿制药质量和疗效一致性评价工作，适度增加可能因评价而导致市场供应不足的药品的实物、产能储备。三是根据市场需求形势，发挥进口应急调节作用，适度增加市场供给不足药物的临时进口。

3. 多举推进国产医疗器械应用

一是加强部门协调，继续推进高端医疗器械设备应用示范项目，形成一批以企业和有影响力的医院参与的联合体，推动一批国产医疗设备在医疗机构中的示范应用，培育一批医疗机构成为国产医疗设备应用示范基地，形成"应用评价—反馈改进—水平提升—辐射推广"的良性循环。继续开展首台（套）重大技术装备保险补偿机制试点工作，促进大型医疗器械企业与金融租赁公司、融资租赁公司合作，推进新型医疗设备应用。二是以新一轮医改为契机，全面落实《关于控制公立医院医疗费用不合理增长的若干意见》，大力推进国产高性能医学诊疗设备的遴选工作。建议在全国年度终端采购的中高端医疗设备总量中明确稳定性、可靠性较好的国产品牌的比例。三是以全面推进分级诊疗为契机，加大对国产三类医疗器械的宣传推广和支持力度，提高国产中高端医疗器械在基层医疗机构的应用比例和市场份额，并逐步实现向大中城市医疗机构的渗透。四是以国家开展消费品工业"三品"专项行动为契机，引导和本土医疗器械企业开展以质量达标、对标为主的微创新活动，着力解决国产医疗设备的可靠性、稳定性，加强国产医疗设备自主品牌创建和培育。

4. 全面推进绿色发展

一是强化企业节能环保意识，引导企业认真开展新环保法、"水十条"以及相关配套细则和有关政策的学习，努力提高环保综合治理的自觉性。二是引导和鼓励地方加强医药专业园区建设，引导原料药及医药中间体生产企业退城入园，打造绿色集约的医药循环经济产业园。引导企业应用全过程控污减排技术，加强企业的技术改造，依照循环生产的思路，运用先进生产技术和工艺打造绿色工厂。三是鼓励企业引进自动智能清洁化的新型设备装备，开展自动化与智能化改造，提高生产过程的自动化、智能化水平，减少资源浪费，提高生产效率和资源循环利用率。

5. 加强行业运行监测和发展指导

一是加快建立医药工业发展运行监测平台，加强对仿制药、行业领军企业和儿童药、罕见病用药等重点产品的生产运行和市场供应情况，及时发现苗头性、趋势性问题，切实防范因仿制药质量和疗效一致性评价工作开展可能带来的药品供应波动和市场短缺问题。二是依托相关行业中介组织，积极推进《中国制造2025》《健康中国2030规划纲要》《医药工业发展规划指南》以及其他相关国家级规划的落实，加强对企业的宣传、宣贯和引导。加强对仿制药质量和疗效一致性评价工作的指导、跟踪，及时反映企业诉求。三是充分发挥智库的"外脑"作用，积极开展国际医药技术创新、产品创新、产业政策、供给侧结构性改革的跟踪研究，完善决策支撑体系。

## 二、纺织

### （一）生产增速有所增加

截至2016年底，纺织工业存货小幅增长0.9%，其中产成品存货同比下降0.1%，企业库存压力有所缓解，有利于2017年的产能释放和生产加速。预计，2017年纺织工业增加值增速可达到6%左右。其中，纺织业和化学纤维制造业生产增速有望高于2016年，纺织服装服饰业仍以去库存和转型升级为主，生产增速保持不变。

### （二）出口形势持续好转

2017年，在国家大力推动"三品"战略、提升纺织工业品牌价值的努力下，虽然同样面临传统优势流失的挑战，但是在国际中高端产品市场中的竞争力有所提升。同时，随着实际经济的缓慢复苏，美国、欧盟、日本等主要出口目标国的纺织工业品需求有望增加，为我国纺织工业出口带来空间。预计，2017年纺织工业出口交货值增速可实现正增长。其中，纺织服装服饰业和纺织业仍是出口主导产品，但出口交货值增速变化不大，化学纤维制造业出口交货值增速有望明显提升。

## （三）内需有望小幅反弹

投资方面，2017 年国家各项投资规划正式启动，东北振兴、中部崛起等各项区域发展政策的落实，股市动荡不稳等各项因素综合叠加，有效增强了企业家投资实体经济的信心，纺织工业固定资产投资有望明显提速。消费方面，在行业增品种、提质量、创品牌的努力下，国内纺织工业品的消费需求有望增加。特别是城镇化建设的持续推进、二孩出生潮的全面来袭，居民用于纺织产品的支出额度明显增加，带动纺织工业内需增长。预计，2017 年纺织工业固定资产投资有望增加 2—3 个百分点，限上企业纺织类商品零售总额增速有望达到 8% 以上。

# 三、食品

## （一）国内外高端需求有望释放

随着我国"一带一路"倡议的稳步推进，国内食品企业正把握历史绝佳契机，大步实现"走出去"战略。同时，西方发达经济体进一步缓和复苏，预计 2017 年高端食品市场的开拓大有可为，这其中包括有机食品、绿色食品、保健食品等市场。

## （二）劳动力成本压力凸显

国内食品工业仍属于劳动密集型产业的范畴，劳动力成本约占食品工业生产成本的 15%。但随着我国人口老龄化步伐的加快，劳动力市场逐年承压，用工成本逐渐上涨。随着劳动力成本的上涨，将对国内食品工业企业在国际市场上的竞争产生实质性影响。

## （三）食品安全需求不断攀升

居民收入水平的提高以及食品工业科学技术的进步，极大地促进了国内消费者对物质生活的提高、对健康生活的追求，进而对食品安全的需求也不断攀升。这都对企业的主体责任意识以及相关职能部门的监管能力和水平，提出了更高要求。

## （四）行业整合趋于提速

鉴于国内产业结构升级的迫切需要，国内食品工业内部整合讲加速推进。

国家将进一步加快推动食品工业企业兼并重组以及提高相关行业领域准入门槛的步伐，一批在技术、人才以及创新等方面有突出优势的龙头企业将获得更多的话语权，"小、散、低"的落后企业将加速被淘汰出局。

## 四、轻工

### （一）行业将呈现格局分化

2017年，轻工产业发展将进一步呈现格局分化。从行业规模看，轻工行业中生产技术落后、产能低下的企业将逐渐被淘汰，个别产业规模增长速度减缓。随着国家抑制产能过剩、淘汰落后产能政策的不断深入。从产业结构看，国家将积极推进跨地区、跨所有制兼并重组，提高产业集中度，技术装备落后、能耗高、环保不达标等企业将会被淘汰。从产业布局看，产业转移将根据不同地区发展要求和具体行业特点不断进行。东部沿海不断发挥技术、资金等优势，不断承接国外先进产业转移，而中西地区利用资源和劳动力优势，不断承接传统轻工产业。

### （二）行业整体将呈现平稳增长态势

国内社会经济的持续增长，以及供给侧结构性改革的持续推进，扩大内需、城镇化等各项政策效果将进一步呈现，尤其是随着人均可支配收入的不断增加，消费者对轻工行业产品需求将进一步扩大，预计2017年，轻工行业生产增速基本保持稳定。

# 后　记

　　为全面展示过去一年国内外消费品工业的发展态势，深入剖析影响和制约我国消费品工业发展面临的突出问题，展望未来一年的发展形势，我们组织编写了《2016—2017 年中国消费品工业发展蓝皮书》。

　　本书由刘文强担任主编，代晓霞负责书稿的组织编写工作。在本书的撰写过程中，得到了消费品工业司高延敏司长等诸位领导的悉心指导和无私帮助，在此表示诚挚的谢意。

　　本书是目前国内唯一聚焦消费品工业的蓝皮书。我们希望通过此书的出版，能为消费品工业的行业管理提供一定的指导和借鉴。囿于我们的研究水平，加之撰写仓促，书中一定存在不少疏漏和讹谬之处，恳请各位专家和读者批评指正。

**思想，还是思想**
**才使我们与众不同**

| | | |
|---|---|---|
| 《赛迪专报》 | 《两化融合研究》 | 《财经研究》 |
| 《赛迪译丛》 | 《互联网研究》 | 《装备工业研究》 |
| 《赛迪智库·软科学》 | 《网络空间研究》 | 《消费品工业研究》 |
| 《赛迪智库·国际观察》 | 《电子信息产业研究》 | 《工业节能与环保研究》 |
| 《赛迪智库·前瞻》 | 《软件与信息服务研究》 | 《安全产业研究》 |
| 《赛迪智库·视点》 | 《工业和信息化研究》 | 《产业政策研究》 |
| 《赛迪智库·动向》 | 《工业经济研究》 | 《中小企业研究》 |
| 《赛迪智库·案例》 | 《工业科技研究》 | 《无线电管理研究》 |
| 《赛迪智库·数据》 | 《世界工业研究》 | 《集成电路研究》 |
| 《智说新论》 | 《原材料工业研究》 | 《政策法规研究》 |
| 《书说新语》 | | 《军民结合研究》 |

编 辑 部：赛迪工业和信息化研究院
通讯地址：北京市海淀区万寿路27号院8号楼12层
邮政编码：100846
联 系 人：刘 颖　董 凯
联系电话：010-68200552　13701304215
　　　　　010-68207922　18701325686
传　　真：0086-10-68209616
网　　址：www.ccidwise.com
电子邮件：liuying@ccidthinktank.com

赛迪智库
面向政府 服务决策

# 研究，还是研究
## 才使我们见微知著

| | | |
|---|---|---|
| 信息化研究中心 | 工业化研究中心 | 规划研究所 |
| 电子信息产业研究所 | 工业经济研究所 | 产业政策研究所 |
| 软件产业研究所 | 工业科技研究所 | 军民结合研究所 |
| 网络空间研究所 | 装备工业研究所 | 中小企业研究所 |
| 无线电管理研究所 | 消费品工业研究所 | 政策法规研究所 |
| 互联网研究所 | 原材料工业研究所 | 世界工业研究所 |
| 集成电路研究所 | 工业节能与环保研究所 | 安全产业研究所 |

编 辑 部：赛迪工业和信息化研究院
通讯地址：北京市海淀区万寿路27号院8号楼12层
邮政编码：100846
联 系 人：刘颖　董凯
联系电话：010-68200552 13701304215
　　　　　010-68207922 18701325686
传　　真：0086-10-68209616
网　　址：www.ccidwise.com
电子邮件：liuying@ccidthinktank.com